ヤクザ式
相手を制す最強の「怒り方」

向谷匡史

JN284071

光文社新書

まえがき

「こらッ、店長！　ちょっと来んかい！」

ヤクザ兄ィが、居酒屋で怒声をあげた。

「なにか……」

「なにかじゃねぇだろ！　てめぇ、ぬるいビール出しやがって、ナメとんのか！」

「す、すみません！」

店長は顔をこわばらせ、おおあわてで冷えたビールを持って来ると、何度も何度も〝米つきバッタ〟をやっていた。いまから三十余年前、私が週刊誌記者として駆け出しだった当時、ヤクザ兄ィを取材したときのことだった。

「店長の野郎、最近、オレになついちゃってるんでね。示しをつけといたんだ」

兄ィはそう言ってニヤリと笑った。《怒り》を人間関係の技術として用いる「ヤクザ式」

を目の当たりにして、私は思わず唸ったものだった。

その後、この「ヤクザ式」を注視していると、彼らは相手と状況、そして目的に応じて《怒り》を自在に操っているのがわかってきた。

「じゃかんし！」

鬼の形相で怒鳴りつけもすれば、

「六甲山へ埋めたろか」

ドスのきいた声で恫喝もする。

「フン」

と鼻先で笑って挑発もすれば、

「たいしたもんやないか」

おだてて、ヤバい仕事を押しつけてみたりもする。《怒り》は感情から発するもので、思わずカッとなるのはヤクザもビジネスマンも同じだが、そのあと——すなわち、《怒り》をどう表すかが違うのだ。

私たち一般市民は《怒り》を感情で処理するのに対して、ヤクザは理性に落とし込む。

（この野郎！）

という《怒り》を相手にどうぶつければ、最大の効果と利益をあげることができるかを考える。ケンカを売るのか、恫喝するのか、翻弄するのか、和解に持っていくのか——。彼らにとって《怒り》は、まさに「交渉の技術」なのである。

いや、実は《怒り》こそ、交渉や人間関係において、相手を制する強力な武器になるのだが、このことに気がついているのは有能なヤクザだけで、ビジネスマンの多くは《怒り》をネガティブなものと錯覚している。だから《怒り》を押し殺そうとする。胸のうちに封じ込めようとする。その結果、ストレスに苦しむ。《怒り》は抑え込むものではなく、効果的に発散するものなのである。

本書は〝怒り方のプロ〟であるヤクザを例にあげながら、彼らの具体的ノウハウを紹介した。一読すれば、《怒り》は決してネガティブなものではなく、交渉術や人間関係術において〝最強の武器〟になることがおわかりいただけるだろう。

私たち人間は《怒り》と無縁で生きていくことはできない。ならば、〝怒り感情〟をいかにポジティブに利用していくか。ここに気づいた者だけが、心の平穏とビジネスでの成功を手に入れることができるのだ。

向谷匡史

目次

第3章　怒りは「変化球」でぶつけろ！

第4章 部下の心を操る一流の怒り方

第5章 一発逆転! 怒りで流れを変える技術

第1章

ビビらせてなんぼ！　相手を追い込む技術

いきなり前言撤回されたときの噛みつき術

まず、私の苦い経験だ。

編集企画会社を立ち上げた当時、広告代理店の営業マンと組んで、某メーカーに社内報の発行を仕掛けたときのことだ。何度もダミー版を作り直し、製作費についても営業マンとすり合わせ、いよいよプレゼンという段階になって、

「製作費とかさ、もう一度、見直したいんだ」

と営業マンが突然、言ってきたのである。

「それについては何度も打ち合わせたじゃないですか」

「そうだけど、ちょっと高いかなって気がしてさ」

「そんなバカな！」

という怒りを、私は呑み込んだ。

一介の編集企画会社としては、何とかこの社内報の仕事を取りたかった。だから採算ギリ

ギリまで譲歩した末の見積もりである。まさかの前言撤回に頭にきたが、ここでケツをまくれば仕事を逃してしまう。

そこで、説得にかかった。製作費の内訳について改めて説明し、これ以上は削りようがないこと、それについては何度も打ち合わせを重ね、あなたも承知しているはずだということを縷々《るる》説明してから、

「スタッフもすでに手配しているので、いまここで白紙ということになると私としては立場がなくなる」

と情に訴えもしたが、

「そうは言うけど、もうちょっと安くなるんじゃないの」

聞く耳を持ってもらえず、結局、私が譲歩させられてしまった。

納得せざる譲歩、怒りの譲歩であったが、感情を顔に出すことはせず、腹に呑み込んだ。

スタッフの数を減らし、私が仕事をカバーすることで予算を減額したのだった。

いま思えば、このベテラン営業マンに手玉に取られたことがよくわかる。

彼は私を二階に上げておいて、

「ハシゴを外すぞ！」

とブラフをかけ、意に従わせたのだ。当時、三十歳そこそこと若かった私は、「パートナーは仲間であると同時に敵対関係にもある」というビジネスの鉄則を思い知らされたのであった。

では、このとき私はどういう態度を取ればよかったのか。

怒るべきだったのだ。

それも怒りを顔に出さず、冷静に、しかし断固として最後通牒《つうちょう》を突きつけるのだ。

たとえば某広域組織のK氏が、同業者から取り立てをやったときがそれだ。

「私は凸凹金融から債権譲渡された××組のKと申します」

「何だい、いきなり。この件に関しては凸凹金融といま話を……」

「払う気があるのかないのか、それだけ返事をしていただければ結構です。払う気がないんだったら話をする必要もないので」

丁重な言葉でいきなり最後通牒を突きつけて相手をビビらせ、イエス・ノーを迫っておいて腰を浮かしかける。このリズム、タイミング、気迫が勝負で、交渉のつもりでいた相手は気を呑んだのだろう。

「ちょっと待って」

相手はあわててＫ氏を引き止めた。こうしてＫ氏は利息分を負けてやることで相手の顔を立て、そのかわりに元金を即刻支払わせることで話をまとめたのだった。

ポイントは、あくまで冷静に、そして丁重な言葉でケツをまくること。

「こらッ、払うのか払わんのかハッキリしろ！」

と激高して見せたのでは、

「何だ、その言い方は！」

相手も引けなくなってしまうのだ。

私のケースに話をもどせば、

「製作費とかさ、もう一度、見直したいんだ」

と営業マンに言われたとき、

「そうですか。何度も打ち合わせて決めたものですから、私のほうは見直しの余地はありません。それでも見直せとおっしゃるなら、話し合う意味はありませんので失礼します」

腰を浮かせばよかったのだ。

営業マンに話をまとめる気があるなら引き止めるだろうし、その気がなければ、この仕事は成立しない。だが、ケツをまくられて困るのは営業マンも同じ。ギリギリの予算で引き受けてくれる編集企画会社を新たに探すのは容易ではないし、上司に対する立場もあるだろう。

私の経験では、何度も打ち合わせをして決めたことに対し、契約直前で前言撤回を口にするのはブラフであることが多い。「もうひと声」というスケベ心だ。だから二階に上げておいてハシゴを外そうとしてきたら、

「飛び降りるから結構」

と居直って、逆に相手を追い込めば勝てる。勝った上で、相手の顔を立てるためにわずかの譲歩をし、「その代わり」と交換条件を持ち出せば、双方納得ということになる。

よしんば仕事が成立しなくてもいいではないか。こういう覚悟を持って交渉に臨まないかぎり、ビジネスにおいては常に風下に立たされることになるのだ。

逃げ続ける相手への脅し術

裏切り者は人間のクズだ。

だから映画や劇画では、裏切り者は最後に八つ裂きにされ、観客や読者から拍手喝采を浴

びることになる。

だが現実は、映画や劇画のようにはいかない。「人道的」にいくら正しくても、ヘタに暴力を振るえば傷害罪でパクられてしまう。だから裏切る前——つまり「逃げさせない、裏切らせない」ということが何より大事になってくる。

こんな例がある。

町工場で、組合結成が密かに進められたときのことだ。従業員は三十人ほどで、そのうち七人が中心になった。会社側に事前に漏れると切り崩される危険があるので、七人は外では会合を持たず、リーダー宅に集まるようにした。

ところが、しばらくしてメンバーの一人、Ｆ氏が会合に顔を見せなくなった。

「どうしたんだ？」

昼休みにリーダーが問うと、

「ええ、まあ」

曖昧な返事に、

（こいつ、逃げる気だな）

と直感したという。

Ｆ氏は三十代半ばで、子供が小学校に上がったばかり。しかも、そう遠くない時期に家を持ちたいと思っている。すんなり組合成立が認められればいいが、ワンマン社長が相手となればひと悶着起こるだろう。クビになれば人生設計は根底から崩れてしまう。ここは波風立てないでおとなしくしていたほうが得策だ——と、Ｆ氏が考えても不思議はない。

だが、ここでＦ氏が脱落すれば他のメンバーも動揺するだろう。組合はポシャり、メンバーはクビにされる。ここは何としてもＦ氏を逃がすわけにはいかない。

それでＦ氏を説得したが、のらりくらりだったそうで、

「あの野郎、会社にチクりでもしたら、ただじゃおかない」

リーダーが怒りを露《あらわ》にしつつ、

「どうしたらいいでしょう」

と私に相談してきた。

組合設立に、ヤクザ抗争事件を引き合いに出すのはどうかとも思ったが、人間心理はヤクザもカタギも同じということで、こんな例を紹介した。

Ａ組とＢ会が縄張《シマ》をめぐって一触即発の状態になったときのことだ。

「殺《や》っちまえ！」

と威勢がいいのは最初のうちだけで、いよいよ戦争になりそうだとなれば尻込みする者も出てくる。Ａ組の主戦論者だったＸ兄ィの態度が、微妙に変わった。殺れば長い懲役、殺られればあの世。命が助かっても、Ａ組が瓦解すればメシの食いあげになる。「ここは目立たぬようにしておいて、別の組に移籍という手もある」――と考えたのではないか、と推測するのはＡ組の理事長である。

中堅のＸ兄ィが脱落したのでは組の士気にかかわる。

「よう、Ｘ」

と理事長が呼んで言ったそうだ。

「こんどの戦争は、おめぇを特攻隊長ということにしといたぜ。Ｂ会にもそのことは聞こえているだろうから、気をつけな」

「そんな！」

とは声に出さなかったものの、Ｘ兄ィは退路が断たれたことを悟り、本気で戦う決意をしたのだった。

「なるほど」

とリーダーはうなずき、

「Fさんを組合委員長ということにすればいいんだ」

と明るい顔で言った。

そして後日――。

リーダーとF氏にこんなやりとりがあったそうだ。

「組合委員長はFさん、あなたということになりました」

「そんな無茶な！」

「いずれ会社側の耳に入ります。あなたがいくら自分は違うと言っても、会社は耳を貸さないでしょう。組合結成に失敗すれば、あなたもただじゃすみません。ここは何としても成功させるしかありません」

かくして退路を断たれたF氏は、組合結成に向けて邁進し、メンバーたちの士気も大いに上がったのだという。

裏切り者は打算的な人間が多い。言い換えれば、裏切ることがマイナスだとなれば必死で頑張るのだ。

「あの野郎、頭にくる！」

と、裏切られたあとで怒ることを〝負け犬の遠吠え〟というのだ。

きれいごとを主張する相手には責任を被せよ

上司の前で、ええカッコしいの同僚はいるものだ。

「営業は熱意だと思います」

ミーティングで正論を口にする。

そのとおりだ。

だから、

「熱意だけで商談がまとまるかよ」

とツッコミを入れようものなら、

「じゃ、おまえはどれだけ熱意を持ってやっているんだ」

と同席する上司は眉をひそめるだろう。正論に対し批判めいたことを口にすれば、

（こいつ、やる気がないのか？）

と上司に不快な思いをいだかれるのがオチだ。

少なくともプラスに評価されることはない。

ええカッコしい——すなわち「正論」をバネに上司に取り入ろうとするヤツは腹立たしく、同時に実に厄介な存在なのである。

では、正論を振りまわすええカッコしいは、どうやって潰すか。意外に思うかもしれないが、ウラ社会は「正論」で成り立っている。「正論」とは「建て前」のことで、たとえば抗争に臨んで、

「わし、怖い！」

とは口が裂けても言えない。

「極道は命を懸けてなんぼやで」

ウッフッフと余裕の笑みを浮かべて見せる。

「俺、カネが欲しい」

とホンネを口にするのはNGで、

「男にゃ、カネより大事なものがあるだろう」

とカッコつけるのが正解。

なるほど、極道は命を懸けてなんぼだし、カネより大事なものがある。正論である。正論

ではあるが、「現実は違う」というのが暗黙のコンセンサスになっている。「建て前」は「本音」とセットなのである。

ところが、このコンセンサスをわざと無視し、親分の前で正論を主張するええカッコしいがいる。たとえば、Ａ会の縄張にＪ組の企業舎弟が金融のカンバンを上げたときのこと。

「殺っちまいましょう」

と、Ｓが幹部会で主戦論をブチ上げた。

「Ｊ組と戦争になるぞ」

と、引いた発言をすれば、

「黙って見過ごすのか」

と弱気をなじってくる。

「じゃ、おまえが殺りゃいいだろう」

と言い返せば、

「知らん顔するのか」

と突っ込まれる。

親分の手前、それはマズイ。だから幹部たちは本音は口にせず、「ウム」とか「フム」とか、賛成とも反対ともつかないリアクションをしつつ、腹のなかでは「この野郎、カッコつけやがって」と怒っていた――とは、幹部会に出席した某氏の後日談である。

で、どうしたか。某氏は頭にきて、S幹部にこう言ったそうだ。

「わかった。ウチからも〃兵隊〃を預けるぜ」

指揮は、言い出しっぺのおまえが執《と》るんだな――と言外に迫ったのである。殺れば共同正犯で、気の遠くなるような懲役が待っている。親分の前でカッコつけただけのSにそこまでの腹はない、と読んでのことだったそうだ。

「し、指揮はみんなでよく話し合って……」

S幹部がビビって逃げ腰になったところで、

「しかし」

と某氏が話の矛先を変える。

「殺るのは簡単だが、J組と戦争になったときのことを考えて準備しておく必要がある。カネと〃道具〃だな」

あくまでイケイケ口調だが、これはS幹部に対する言外の〃助け船〃。

「なるほど。いまJ組と戦争するのは得策じゃないかもしれんな」

S幹部が「正論」を引っ込めたところで、この一件は相手の出方を見てからでも遅くないという結論に落ち着いたのだと某氏は笑う。以後、S幹部がええカッコすることはなくなったそうである。

上司の前で「正論」を振りかざしてええカッコする同僚に対しては、やる気を見せつつ、責任を押しつけてやればいいのだ。

「営業は熱意だと思います」

「まったくだ。どうする？」

「営業の基本は〝飛び込み百軒〟だな」

「よし、わかった。陣頭指揮はキミに頼む」

「そ、それについては……」

と逃げ腰になったところで、

「しかし拙速は避け、ここはきっちり話し合ったほうがいいんじゃないか？」

と〝助け船〟を出してやれば、

「なるほど、そうかもしれないな」

大急ぎで幕引きにかかる。ええカッコしいは一度、鼻をヘシ折られるとこれが負い目になり、おとなしくなるものなのだ。

「他人の弱み」は隠し持って価値を上げよ

他人の弱みを握ったら、誰かに話をしたくてウズウズする。ことに上司の弱みとなれば黙ってはおれず、

「実は――」

と居酒屋あたりで同僚たちに〝手柄話〟のように披露する。まして上司にガツンと叱責されたあとなど、腹いせに「実は――」と同僚たちにやって溜飲を下げようとするだろう。いずれにせよ、他人の弱みや秘密を知って黙っているのは至難のワザなのである。

だが、よくよく考えてみれば、上司の弱みを得意になって吹聴しても何のプラスにもならないのだ。腹いせにバラしたところで、プラスどころか当の上司の恨みを買い、必ずしっぺ返しをされるだろう。そうとわかっていながら口にしてしまうのが私たちカタギの人間で、ウラ社会の面々に言わせれば、

「ゼニをドブに捨てるようなもんや。わしらやったら、チクリチクリと突っついて、自分に有利にコトを運ぶがな。他人の弱みは〝打ち出の小槌《こづち》〟やでぇ」

ということになる。

わかりやすい例が、ヤミ金の取り立てである。

たとえば、〝パチンコ金融〟にハマった主婦に対して、

「このアマ、亭主にバラすぞ！」

と脅しはしても、実際に亭主にバラすことはないし、彼女の周辺に対して、

「実は——」

と吹聴することもない。亭主に知られていないから脅しが通じるのであって、バレてしまえば元も子もなくなってしまう。バレないよう細心の注意を払いつつ、

「バラすぞ、バラすぞ」

と追い込んでいくのが彼らのやり方である。

「お願いです、主人にだけは」

と懇願するうちは〝打ち出の小槌〟で、

「あんたも子供やなし、稼ぐ方法はいろいろあるやろ」

と、やさしく持ちかければ、身体を売ってでも雪ダルマ式に増えた借金を返済するというわけである。

卑劣な脅迫だが、「弱みを握れば打ち出の小槌」という彼らの一言は、「弱みの本質と活かし方」をズバリと衝《つ》いている。この方法を用いるかどうかは別として、ケース・スタディーとして読んでいただきたい。

広告代理店で、こんなことがあった。妻子持ちの営業部長氏と秘書課の独身女性がデートしているのを、営業課員のA君がたまたま目撃した。

社内不倫の大スキャンダルである。

「ちょっと、ここだけの話だけどさ」

と同僚たちにペラペラやったのでは、のちのA君の出世はなかっただろう。

不倫現場を目撃してまもなくのことだ。大口のクライアントを逃すという大失態をA君がやらかし、

「辞表を出せ!」

と営業部長に迫られたとき、A君は頭にきてこう言った。

「社内不倫は辞表を書かなくていいんですか」

この一言に部長の顔が青ざめ、叱責はここで終わったという。

Ａ君が賢いのは、このあとだ。〝打ち出の小槌〟をまったく振ろうとせず、これまでどおり部長に接した。交際費など、無理を言っても部長は認めただろうが、Ａ君はあえてそうはしなかった。部長と顔を合わせても、意味深な笑顔も見せない。不倫のことは忘れ去ってしまったかのように、これまでどおり振る舞ったのである。

ここから先は私の推測になるが、部長にしてみれば、Ａ君を敬遠しつつも〝打ち出の小槌〟をまったく振ろうとしないＡ君を評価し、信頼するようになったのではないか。やがて部長はヒラの若手だったＡ君を主任に抜擢し、次期課長の有力候補となる。

これがもしチクリチクリと部長を脅したならば、部長は何としてもＡ君を排除しようと画策するだろう。秘書嬢を退職させ、〝不倫ネタ〟を消したところでＡ君はバッサリ。会社から追い出されることになる。

以上は一例だが、はからずも上司の弱みを握ることになったら、脅すのではなく、それをバネにしてフトコロに飛び込むのが、カタギの処し方ということになる。

ちなみに、ヤクザと一般市民の違いは、スキャンダルを嗅ぎ分ける嗅覚よりもむしろ、スキャンダルの活用法にある。ヤクザは脅して金品を巻き上げるか、恫喝して便宜を図らせるか、あるいはスキャンダルを寝かせておいていざというときの切り札に使う。彼らは恫喝のプロだからできるのであって、一般市民がマネすると〝生兵法《なまびょうほう》〟になってしまう。カタギにとってスキャンダルとは、相手を脅す手段ではなく人間関係に活かしてこそ価値を生むものなのだ。

そしてキモに銘じるべきは、ヤクザはもちろん、有能なビジネスマンも、

「実は、うちの課長だけどさ――」

と得意になって吹聴することだけは絶対にやらない。なぜなら、「人の弱み」というやつは、隠せば隠すほど価値が上がることを知っているからである。

「ヤバイ男」を演出する技術

「何度、注意すればわかるんだ!」

上司に怒鳴られ、

「グズはしょうがねぇな」

と先輩に舌打ちされ、

「またドジを踏んだのか」

と同僚にはイヤ味を言われる。

広告代理店に勤める若手のH君は上司、先輩、同僚——すなわち上・先・同にイビられ、三重苦にあえいでいる。能力的に劣っているわけではなく、性格がおとなしいためナメられるのだ。

組織にイジメはつきもので、「イビられ役」や「イジられ役」を共有することによって秩序を維持している一面がある——と言えばそれまでだが、当のH君にしてみればたまったものではない。

「あそこまで言われて、よく会社を辞めないよな」

と、上司と先輩が嘲笑しているのをトイレの個室で耳にしたときは、さすがに怒りで身体が震えたという。

だが、頑張っておとなしい性格をねじ伏せたところで、

「てめぇ、この野郎！」

と怒りを爆発させるわけにはいかない。上司に噛みつけば間違いなくクビになるだろう。

Ｈ君は怒りを心の奥底で沸々とたぎらせながらも、どうしていいかわからず、悶々とした日々を送っていた。

そんなある日のこと。

「おい、コピーまだかよ。グズはまったくしょうがねぇな」

先輩が例によって舌打ちした。

「すみません」

腰を屈めながら謝り、コピーを渡して自席にもどろうとしてＨ君の足がゴミ箱に当たり、蹴飛ばしてしまった。

金属音がガッシャン！

紙くずが散乱する。

「ドジなヤツ」

と嘲笑されるものと覚悟したが、職場は水を打ったようにシーンと静まり返った。みんなの啞然とした視線がそそがれている。舌打ちした先輩は顔を強《こわ》ばらせ、棒立ちになってＨ君の顔を見ている。一瞬、キョトンとした彼は、事態をさとった。

（Ｈがキレてゴミ箱を蹴飛ばした）

みんなは、そう思っていたのだった。

「それからですね。以前ほど、みんなはボクのことをイビらなくなりました」

とＨ君が酒飲み話に語ってくれたが、いい機会なので、さらに一目置かせるヒントとしてヤミ金融の演出術を、私は話して聞かせた。

ヤミ金融は昔ほど取り立てに暴力を使わなくなった。人権意識の高まりで、すぐに警察に駆け込まれてしまうからだ。逮捕されたら他の貸し付けまでパーになってしまう。いまもって取り立てが荒っぽいことに変わりはないが、暴力を用いるのは費用対効果からすれば得策ではないということなのだ。

で、どうするか。

一例をあげれば、まず債務者に自分の意志で事務所へ来ていただく。強引に連れ込むと、拉致・監禁になってしまうからだ。そして、刺青をした恐いお兄ィさんたちがいる前で、

「テメエ、借りたら返すのが当たり前だろう！」

ガンガン攻めておいて一転、いきなりテーブルの灰皿で若い衆の頭をブン殴る。

「バカ野郎！　テメエがドジ踏むからだ！」

怒鳴りつけながら殴る蹴る……。若い衆は悲鳴を上げ、血だらけになって床でのたうちま

わる。その光景を目の当たりにすれば、債務者は小便をチビらすほどに震え上がり、盗みをしてでも金を返す気になるというわけだ。ブッ飛ばされる若い衆はダミーで、鼻に一発カマせば鼻血が勢いよく噴き出し、血だらけに見えるものだ。

「なるほど、ダミーを使うというわけですね」

H君が感心しながら言う。

「そうだ。ただし、ダミーは人間でなくてもいい。たとえば携帯電話」

と言って、次のような策を授けた。

周囲に聞こえるように、職場の昼休みにでも、こんなセリフを携帯電話で口にするのだ。

——おいおい、相手はヤクザもんだ。ナメた口きくとヤバイぜ。

——ケツまくるのはよせよ。俺だって辛抱してるんだ。

ヤクザだのケツをまくるだの、過激なフレーズをさり気なく口にし、会話のふりをするだけで周囲は間違いなくビビり、一目置くことになる。

ちなみに、ウラ社会の面々が利用するシティーホテルのラウンジをのぞいてみるといい。

——ああ、そうだ、三十億。客付け（買い手を見つけること）は俺がまかされている。

——例の箱根の物件だが、先方が八億で手を打つと言ってる。買い手はいねぇか。

――一億の紙（手形）を預かってるんだが、どこぞ割るところはないか？

携帯片手に、億単位の威勢のいい話が飛び交っている。側の席に座ってさり気なく観察していれば、私がここに書いた〝演出術〟が腑に落ちて理解できるだろう。ナメられるか、一目置かれるか、境目はそんなところにあるのだ。

ネチネチくどい相手に居直る一言

ウラ社会の面々は徹底して信用にこだわる。

信用があるかないかは死活問題なのだ。契約といった社会的な約束が法律によって担保されるのは表社会のルールであって、「法律の外《アウトロー》」は当然ながらその範疇《はんちゅう》にないからである。

「わしの一言《いちごん》が契約書や！」

と言って通用するには、

「あの人の約束なら大丈夫」

という信用がなければダメということになる。

だからヤクザは、自分の言葉をくどくど説明しない。

「心配せんでも、十日後にきっちり耳をそろえて返済するがな」

「ホンマやな」

「うん、十日後に貸したカネが返ってくるんや。凸凹組の若いもんに五十万ばかし貸してあって……」

と説明するのはチンピラで、一端《いっぱし》の兄ィになれば、

「返済は十日後」

「ホンマやな」

「わしが信用でけへんのか！」

ガツンと居直り、

「悪かった。そういうわけじゃねぇんだ」

カネを貸した側が謝ることにもなりかねない。

私に、こんな苦い経験がある。保護司をしている関係で、二十代のセガレに手を焼いた親御さんから助けを求められたときのことだ。セガレは元暴走族。いわゆる〝半グレ〟というやつで、親にタカり、それを拒否すると家の中で暴れるというのだ。

私が立ち会い人になり、セガレと親御さんとで話し合いを持った。

「あと百万。それだけ回してくれたら、二度と迷惑をかけない」

とセガレが言う。

「本当に百万円で最後にしてくれるなら……」

と親御さんが、すがるように私を見たので、

「本当だな」

私が念押しすると、

「俺って人間が信用できないんですか?」

セガレが険しい顔で言った。

「ああ、信用できねぇな」

と言えば交渉決裂。〝半グレ〟らしいものの言い方だと思ったが、信用できない人間と話し合うこと自体、矛盾することになる。

だから、

「わかった」

と私は納得し、親御さんが百万円を都合して渡した。

ところがその三カ月後、再び親にタカり始めたので、今度はセガレを一喝して追い払うというオチにはなったのだが、「信用できないんですか?」という一言がいかに相手を追い込む決めゼリフになるか、当時を振り返るたびに感心するのである。

もちろん、ビジネスの場ではこんないい加減なことは許されず、自分の一言には重大な責任が伴うが、上司であれ部下であれ、頭にきたときは、低くドスのきいた〝怒りのトーン〟でタンカを切るのだ。

「キミは、私の言うことが信用できないのかね」

「はい」

と言えば、

「じゃ、辞表を書くんだな」

という結論になるため、

「いえ、そういうわけじゃないんですが」

と歩み寄りの返答になる。あるいは、

「課長、私のことが信じられないんですか」

「ああ、信じられない」

と言えば、

「部下を信用できない人間を上司とは認めません！」

ケツでもまくられれば、上層部からリーダーとしての適性を疑われるだろう。それがわかっているだけに、

「いや、信用しないというわけじゃないんだ」

と、これも歩み寄ってくることになるのだ。

ああでもないこうでもないと論議し、ころあいを見はからって、ズバリ、

「私が信用できないのですか！」

という一言で相手を追い込み、寄り切るのだ。

安請け合いして何もしない上司へのカマし方

上司に頼みごとをして、

「わかった」

と二つ返事で引き受けてもらったものの、あとは知らん顔。

「あのう、お願いした件ですけど、どうなりましたでしょうか?」

「それが相手がハッキリしなくてさ」

「もう二週間になりますので、そろそろ……」

「そんなこと言われても、こっちだって忙しいんだ!」

逆ギレ。

「じゃ、安請け合いしなきゃいいだろ!」

という言葉を呑み込み、怒りに身体をブルブル震わせることになる。

頼みごとをして、「わかった」と胸を叩かれれば、誰だって当てにする。動いてもらってうまくいかなかったということであれば、あきらめもつくし感謝もする。ところが「わかった」はリップサービスで、何もしてくれなかったとなれば頭にくる。

だが相手は上司。

「無責任じゃないですか!」

と責めるわけにもいかず、やり場のない怒りが腹のなかで渦巻くことになる。

そんな話をウラ社会の住人にすると、

「そら、頼み方が悪いがな」

と笑って、こんな例を話してくれた。

たとえばホステスから、

「お金貸して」

と言われ、

「あいよ」

と二つ返事で貸すのは無能な金融ヤクザで、頭が切れる人間は、

「黒服を保証人につけられるかい？」

と問い、ＯＫになってから貸し付けるのだそうだ。黒服というのはマネジャー格の人間なので、ホステスが踏み倒して逃げても確実に回収できる。それに、黒服が保証人にならないような女は信用できないということでもある。

金融に限らず、有能なヤクザは仕事に〝保険〟をかける。たとえばダンベエ（金主《きんしゅ》）から土地売却の仕事を請け負ったとする。自分で客付けできればいいが、そうでなければ、土地をいじっている連中に声をかけることになる。

「××に千坪ほどの別荘地があるんだが、買い手はいねぇかな」

「何人か心当たりがいるんで、声かけてみようか？」

「頼む」

ということで、各種書類のコピーを渡す。

無能と有能の違いは、このあとだ。

「じゃ、返事待ってるぜ」

とニコニコ笑顔で別れるのは無能。

有能ヤクザは、こう言ってクギをさすのだ。

「ダンベエは組長《オヤジ》とも知り合いなんで、一応、組長の耳に入れておくぜ」

ヘタ打ったら組長を巻き込むことになるぞ——と、言外に〝保険〟をかけてみせるというわけである。

相手が安請け合いしてシカトしようものなら、

「オヤジが気にしているんだ。色よい返事を待ってるぜ」

じわりと追い込みをかける。

それでも動きが鈍ければ、

「オヤジが、お宅の組長と寄り合いで会うらしいんだ。例の話が出るかもしれねぇから、しっかり頼むぜ」

さらに圧力をかけてビビらせるというわけだ。

「オヤジの耳に入れる――というんはもちろんブラフやけど、そう言って保険かけてるから、〝どうなってんだ〟と強気で追い込めるわけよ」

ということである。

「課長、××商事にお知り合いはいらっしゃらないですか？」

「いるよ。大学の先輩なんだ」

「企画を持ち込みたいので紹介していただけませんか」

「わかった」

それから一週間、なしのつぶて。

「課長、××商事の件ですが」

「ああ、あれね。このところバタバタしていてさ」

それから一週間。

「課長、××商事の件ですが」

「それが相手がつかまらなくてさ」

これでは頭にくるだけで、頼みごとをした初《しょ》っ端《ぱな》に〝保険〟をかけなかったのが悪い。

「紹介していただけませんか」

「わかった」

と課長が引き受けたとき、

「ありがとうございます。課長のお世話で会えることになると、クライアントにも伝えておきます。さすが課長は顔が広いと喜んでくれるでしょう」

たとえば、そんな〝保険〟をかけておけば上司もシカトできなくなるし、モタモタして動きが鈍ければ、

「クライアントが首を長くしていますので、ひとつよろしくお願いします」

真綿で首を絞めるように、やんわりと追い込んでいけばいいのだ。

「わ、わかってる」

ビビった姿を見るだけでも、怒りは少しは収まるではないか。

第2章

ムカつく相手を黙らせる「倍返し」戦術

侮辱の言葉を言われたら〝冷静に〟怒れ！

「バカ野郎ー！　おまえの頭は蟻《あり》の脳ミソか！」

上司に罵倒されて平静でいられる人間はいない。

「申しわけございません」

と頭を下げげつつも、

（そこまで言うか！）

腸《はらわた》は煮えくり返る。

仕事のミスは自分の責任だ。それはわかっている。だが、寝食を忘れて頑張ったことを上司は知っていながらバカ呼ばわりするのか。

（倍返し、いや十倍返しだ！）

半沢直樹の決めゼリフが脳裏をよぎることだろう。「失敗すれば部下のミス、成功すれば自分の手柄」というのが身勝手な上司の保身術で、こんな上司に仕えている限り、何度も煮え湯を飲まされることになる。

部下は、理不尽な上司に耐えるしかないのか。

そんなことはない。

「この野郎！」

と感情を爆発させるのではなくうまくコントロールし、冷静に怒ることによって上司に頭を下げさせる方法があるのだ。これが真の倍返しである。

これを得意とするのが、ウラ社会の面々だ。

こんな例はどうか。

「例の取り立て、どうなってるんだ。歳くってヤキがまわったんじゃないのか」

ヤクザの兄ィが、金主《きんしゅ》の資産家にイヤ味を言われたときのことだ。実際、取り立てがうまくいっていないのだから、ヤキがまわったと言われても仕方がない。だが、いくら相手が金主とはいえ、侮辱されっぱなしで黙っていたのでは今後の力関係に影響してくる。

兄ィはドスのきいた巻き舌で、こう言った。

「ああ、歳を拾ったよ」

「居直るのか」

「そうじゃねえ。歳を拾った男が身体を懸けてるんだ。〝ヤキがまわった〟はねぇんじゃねぇか。取り消してくれよ」

こう言われて金主は言い過ぎたことに気づく。「てめぇ、この野郎！」とケツをまくられても仕方がないところだ。ケツをまくった兄ィも困るだろうが、自分も無傷ではすまない。

「悪かった」

金主が謝まり、以後、兄ィに対して口のききかたに気をつけるようになる。

「バカ野郎ー！　おまえの頭は蟻の脳ミソか！」

上司に侮辱されたら、

「そうです」

と、あくまでも冷静に怒るのだ。

「居直る気か」

「いえ、蟻の脳ミソしかない私が必死に知恵を絞ったんです。バカ者呼ばわりはないんじゃないですか」

こう言って攻められれば、上司も返す言葉に窮し、黙ってしまう。

その上で、

「私は蟻の脳ミソかもしれません。しかし、努力まで否定されるのは侮辱だと思います。撤回してください」

と迫る。

「撤回」という一語がミソで、「謝れ」と言われれば上司も反発するが、「撤回」となれば受け入れやすいからだ。

そして、上司は謝ったことによって、

（あいつを侮辱するとヤバイ）

という思いが脳裏に刷り込まれていくのだ。

虎の威を借るキツネを追い払う

大組織の組員は肩で風を切って歩く。

たとえ本人はキツネに過ぎなくても、大組織という〝虎の威〟があるからだ。そして〝虎の威〟をまとったキツネは、往々にして傲慢で高飛車な態度をとる。これに弱小組織の人間は頭にくるが、背後に虎が控えている以上、ケツをまくることを躊躇《ちゅうちょ》する。だからますますキツネはつけあがる。

これが「虎の威のスパイラル」だ。

ところが、キツネには弱点がある。自分自身に力がないため、ハッタリを見抜かれてしまったら、ただのキツネに過ぎない。

「こらッ、わしは凸凹一家のもんや!」

債権者会議に大組織の末端組員が乗り込んできて、そうタンカを切ったときのことだ。会議を仕切っていた弱小組織の責任者は、落ち着いた態度でこう言った。

「本家は承知しているんですか?」

「ウッ」

と返事に詰まったところで、

「お引き取りください」

丁重に、しかし毅然と言い放ち、ハッタリを見抜かれたキツネたちはすごすごと引き上げていったのである。

一般社会で〝虎の威〟をまとうキツネは、たいていクライアントの担当者だ。エラそうな態度に頭にきてケツをまくれば、取り引きを切られてしまう危険があるので我慢する。しかし、これは怒りをコントロールしているのではなく、自分を殺しているに過ぎない。

それでいいのか。

いいわけがない。「倍返し」だ。キツネは所詮、キツネに過ぎないことを思い知らせてやり、犬のようにシッポを振らせるのだ。

編集プロダクションを経営するＹ氏は、健康食品会社の会報を月刊で製作していたが、窓口である広報担当の中年課長にいつもイビられていた。

「もうちょっとましな企画はないの」

編集会議で責《せ》められ、原稿を見せれば、

「よくこんな稚拙な文章が書けるもんだ」

イヤ味を言われ。

納品すればしたで、

「退社時間だぞ！　俺に残業させるのか！」

と怒鳴りつけられたり。

頭にくるが、経営上、定期刊行物の仕事を切るわけにはいかない。だから余計、腹が立つのだった。

そして、ある月のこと。この月も納品が夕方になってしまい、

「退社時間に搬入するなと言ってるだろう！　持って帰れ！　辞めちまえ！」

課長に怒鳴りつけられた。早い時間に納品するよう告げられているのだから、「そんなことおっしゃらずに、ここはひとつご勘弁を」と謝るのがスジだが、Y社長はそうはしなかった。

「わかりました。会報は持ち帰ります。仕事も辞めさせてもらいます」

ケツをまくったのである。

「待て、待ってくれ！」

泡をくったのは課長だ。いきなり休刊ということになれば社内で責任問題になる。会報は体験談が掲載されているなど、販促ツールを兼ねているからだ。

「そう言わずに。引き続き頼むよ。搬入は夕方でもいいからさ」

「わかりました」

とすぐに納得したのでは、相手は軽く考えてしまう。ここは言葉尻を捉えてとことん追い

込み、きっちり謝罪の言葉を吐かせておかなければならない。

「辞めろと言われたので手を引く。それだけのことですよ」

「言い過ぎた」

「課長、このさいハッキリさせておきますが、人間関係を壊したのはあなたですよ。あなたの言い方に原因がある。イヤ味を言ったり怒鳴ったり。違いますか？」

「悪かった」

「謝りますか？」

「謝る」

「じゃ、今後、言動は慎むと約束してくださるなら引き続き仕事をしましょう」

「わかった」

背に腹は代えられず、課長は頭を下げ、本来のキツネにもどったのだった。

似たような例は、いくらでもある。

某週刊誌に悪評高き若手編集者がいた。フリーライターには容赦がなく、

「こんなの、ちっとも面白くねぇよ。書き直し！」

不機嫌な顔で原稿を放り投げる。

「あの野郎、呼び出してぶっ飛ばしてやろうか」

とライターたちは怒っているが、同誌は大事なクライアントとあってガマンしていた。

で、ある締め切り日のこと。

「書き直し!」

と編集者が吐き捨てた。ところが、

「いやだね」

ベテランライターがケツをまくり、放り投げられた原稿をそそくさとしまい込んでしまったのである。

「次から仕事はないよ」

脅すが、声が震えている。このまま帰られたらページに穴が空く。いや、ページは埋め記事で何とかなるにしても、編集長は烈火のごとく怒り、デスクは青ざめるだろう。そして責任を取らされるのは自分なのだ。

「わかりました、書き直さなくていいですよ」

「辞めるよ」

「原稿は……」

「このまま持って帰る」

「ま、待ってください！」

「このさいハッキリさせておくが、人間関係を壊したのはおまえさんだよ。おまえさんの言い方に原因がある。イヤ味を言ったり怒鳴ったり。違うかい？」

「すみません」

「じゃ、今後、言動は慎むと約束するなら原稿は書き直す」

〝虎の威〟を引き剥がせば、貧相なキツネなのだ。そして――ここがポイントだが――力関係というのは、ここぞというときにケツをまくることで、いとも簡単に逆転してしまうということである。言い換えれば、怒りは「ここぞ」という好機を狙って爆発させてこそ、「倍返し」の効果を発揮するのだ。

火のないところに煙を立たせる「ウワサ」の一撃

「こんな会社、辞めてやらァ！」

「ま、待ってくれ！」

ケツをまくって上司が狼狽すれば、これは気分がいい。

だが、ケツをまくることのできる部下は少なく、引き止める上司となればもっと少ない。

だから、じっとガマンをする。

「キミの営業成績は今月も最下位じゃないか」

「申しわけありません」

「私にペコペコやったって売り上げは伸びないんだよ」

「来月は必ず」

「口は重宝だねぇ」

「てめぇ！　もういっぺん言ってみやがれ！」

とケツをまくる度胸はもとよりなく、「すみません」「申しわけありません」と、お詫びの常套句を交互に口にし、ひたすら〝米つきバッタ〟になってしまう。このときは必死で、怒る余裕はない。怒りが沸々と湧き上がってくるのは、事態を何とか回避し、一段落してからである。「俺だって足を棒にして営業しているんだ」「なんでぇ、課長の野郎、エラそうにしやがって」――。飲んでも酔えず、怒りは熾火《おきび》のように心の奥底で燻《くすぶ》ることになる。

ケツをまくる度胸も、言葉で切り返す才覚もないとなれば、『必殺仕掛人』の藤枝梅安《ふじえだばいあん》になるのはどうか。タンカも切らず、怒りも見せず、夜陰にまぎれて背後からスーッと忍びより、三寸余の長針で脳髄をブスリ。針の代わりに「ウワサ」を用いてムカつく相手を〝抹殺〟してしまうのだ。

これを得意とするのが、ウラ社会の面々である。「鉄砲の弾は後ろから飛んでくる」——とは、この世界を象徴的に表す言葉で、「後ろ」とは「味方」のことをいう。それだけに権謀術数が渦巻き、ウワサは巧妙に流せば、自分の手を汚さずして強力な威力を発揮するのだ。

一例をあげよう。

広域組織三次団体のS君が、K兄ィにキャバ嬢を寝取られたときのことだ。

「バカ野郎！　てめぇの女なら、名札でもつけとかんかい！」

灰皿を飛ばされ、S君は額に傷を負ったが、兄貴分に言い返すことはできない。じっとガマンするしかなかったのである。

女の一件の他にも、S君の知人から強引に金を借りて踏み倒したりするなどK兄ィの乱暴狼藉《ろうぜき》ぶりに、S君のハラワタはよほど煮えくり返っていたのだろう。

「見といてください。そのうち、いわしたりますから」

と言って唇を嚙んだものだ。「いわす」というのは関西極道の言葉で「痛めつける」という意味だが、「屈服させる」といったニュアンスで使うこともある。大阪出身のS君は、ときおり関西弁が混じるのだ。

S君はK兄ィに関するウワサを流すことにした——というのは、あとで当人から聞いた話で、手始めに仲間の若い衆と一杯やりながらこう言ったのだという。

「K兄ィ、羽振《はぶ》りがいいらしいな」

「そうは見えねぇけどな」

「金融を始めたってウワサだぜ」

「いいダンベエ（金主）でも見つけたな」

「どうかな」

「いや、そうに違ぇねぇ」

相手は断定したのである。

S君の語りにはポイントが二つある。「ウワサだ」と、あくまで耳にしたウワサに過ぎないと仄《ほの》めかしていることと、「いいダンベエでも見つけたな」という相手の推測に対して「どうかな」と否定的に答えたことだ。

「ウワサを耳にした」という言い方をすれば、

(ほう、みんな知ってるのか)

と、相手は既成事実として受け取る。

さらに、相手は「いいダンベエでも見つけたな」と見当をつけたことに対して否定される
とムキになり、「そうに違いない」と、これまた既成事実となる。

その結果、この相手がＫ兄ィについて他人に話すときは、

「いいダンベエを見つけて金を出させ、金融を始めたんだ」

という言い方になり、ウワサは事実として一人歩きすることになるのだ。

しばらくしてＫ兄ィは本部長に呼び出された。

「羽振りがいいらしいじゃねぇか」

「とんでもないスよ」

「俺に隠すことねぇだろ」

「何の話ですか」

「そうかい。テメエの腹はわかったぜ」

詳細は割愛するが、後日、債権取り立てをめぐって他組織とトラブルになり、これに一枚

噛んでいたK兄ィは責任を取らされ、絶縁処分になる。処分を強硬に主張したのは本部長だったという。

悪いウワサを流して〝藤枝梅安〟をやるなら、注意すべきは次の三点。まず、自分が「ウワサの出所」になってはならない。だから「こんなウワサを小耳に挟んだんだけど」と、漠然とした言い方をする。次に〝同時多発テロ〟をしかける。同じウワサをあちこちにバラまくことで、ウワサは事実として受け取られる。

そして最後——これこそ心理術だが——ウワサを口にしておいて、「まさか、そんなことあるわけないよな」と否定する。人間は〝悪いウワサ〟が大好きだから、否定されると楽しめなくなる。だから「いや、火のないところに煙は立たないぜ」とウワサを事実化しようとするのだ。

「課長と、秘書課のN子がデキてるらしいぜ。あり得るよな」

と、積極的に肯定しようとすると、

「まさか」

というリアクションになるが、

「課長と、秘書課のN子がデキてるらしいというウワサ、聞いた？　あ、あり得ないよな」

と、あえて否定してみせると、

「いや、あるかもな」

ということになるのだ。

チクリと皮肉を言うヤツへの「皮肉返し」術

チクリと人を刺す皮肉は、頭にくる。

なぜなら、皮肉は〝誉め言葉〟を用いるからだ。

たとえばコピーを五部頼まれながら勘違いして六部とったとき、

「間抜け」

と、あからさまに悪口を言われれば、

「何だと！」

ケツをまくることができるが、

「さすがだねぇ」

という〝誉め言葉〟を用いられると、皮肉とわかっていながら怒りにくい。言葉を換えれば、皮肉は巧妙な悪口であり非難ということになる。だから余計、カチンとくる。「寸鉄、人を刺す」とは、短い言葉で人の急所や要点をつく譬《たと》えだが、チクリとした皮肉は、ときとして脳天に突き刺さるほどの怒りを覚えることもあるのだ。

では、皮肉に対して、どう切り返せばよいか。

一般的には皮肉で返す。

「さすがだねぇ」

「キミほどじゃないよ」

といった調子だ。

ただし、皮肉の応酬には鉄則がある。《二》か《四》の偶数で締めくくること。

「さすがだねぇ」

「キミほどじゃないよ」

これが《二》。相手が皮肉を言って《一》、言い返して《二》というわけで、最後の皮肉で切り返したほうが勝ちとなる。

《四》になると、

「さすがだねぇ」

「キミほどじゃないよ」

「いやいや、俺なんか足もとにもおよばないさ」

「じゃ、俺のツメの垢でもプレゼントしてやるよ」

と締めくくって勝ちとなる。これ以上、応酬が続けばケンカになることは相手も承知しているので、《四》を制するのが皮肉のポイントになるというわけだ。

だが、皮肉の応酬は「益のないケンカ」であることを忘れてはならない。勝ったところで、相手が味方になってくれるわけではない。むしろ敵意をエスカレートさせ、何かにつけて障害物になってしまう。皮肉に対して怒りを覚えたなら、感情をうまくコントロールし、自分にプラスになるように利用するのだ。

参考になるのがウラ社会だ。

彼らは〝謎かけ〟をよく口にする。

たとえば、

「××の野郎、ゴルフ三昧《ざんまい》やてな」

と親分が何気なく側近にもらした一言は、

「あの野郎、組のためにも汗もかかんと、何やってんねん！」

という叱責であったりする。

「〇〇は羽振りがええらしいやないか」

という一言は、

「ゼニ持ってこんかい！」

という催促であったりする。

だからウラ社会の皮肉はキツくなる。広域組織傘下のN組が債権回収でヘタを打った（ドジを踏んだ）ときのことだ。ライバルの凸凹組長がキツイ皮肉をかました。

「デキのいい若い衆を抱えて、おまえも幸せもんじゃのう」

これに対し、

「なんの、おまえのところの若い衆にゃ負けるで」

とN会長は皮肉を返したのではない。

「そう言うてもらえると、わしも鼻が高いで」

真に受けたかのような表情で、笑顔を見せたのである。

そして、このあとがN組長の頭のいいところで、

「凸凹組長が、ウチの若い衆をベタ誉めや」

と言いふらして歩いたのである。このことは凸凹組長の耳にも入るだろうが、

「そんなこと、言うた覚えがない」

と否定はできず、黙するばかりだった。ライバルが誉めた——という〝事実〟によって、N組長が一歩先んじたという印象を周囲に与えたのである。

皮肉をポジティブに捉えれば、上司の皮肉は最大の誉め言葉になる。

「キミは何を命じても、きちんとこなせるんだな」

仕事でドジを踏んだことを皮肉られたら、怒りをうまくコントロールし、

（ラッキー！）

と表面上は喜びに変え、

「課長に誉められたんだ」

と吹聴すればいいのだ。

冒頭で記したように、皮肉は「誉め言葉」であり、返す言葉で怒りにくいからこそ、あえて額面どおりに真に受けてみせ、それを吹聴することをもって「倍返し」とするのが最上なのだ。

理不尽な怒りをかわすヤクザ式反撃法

問答無用で怒鳴りつけてくる上司は頭にくる。

仕事に失敗は付きもので、失敗するには理由がある。「盗人にも三分の理」――といっては譬えが悪いが、盗人にさえ三分の理があるなら、歴《れっき》としたビジネスマンの失敗にはそれなりの理由があるのだ。

ところが、それには聞く耳を持たず、

「このバカ野郎!」

頭ごなしに怒鳴りつけられたのでは、部下のハラワタは煮えくり返ることになる。多少とも鼻っ柱の強い部下であれば、「そんな言い方はないでしょう」「私の話も聞いてください」と反論を試みるだろうが、

「ビジネスは結果がすべて!」

ガツンと言われれば黙るしかない。かくして、帰宅途中の居酒屋で「チクショー! クソ

課長が！」――と悪酔いすることになる。

だが、理不尽ということで言えば、ウラ社会は表社会の比ではない。

「ミカジメ（用心棒代）、どないなっとるんじゃ！」

「暴対法で店がみんなビビっとるんですわ」

「じゃかんし！　四の五の言わずに取ってこんかい！」

灰皿が飛ぶのだ。

理不尽な世界に理屈はいっさい通じない。だから要領のいい若い衆は言い訳をしない。理不尽を逆手に取って、倍のダメージを相手に与えるのだ。

O会が街金融のカンバンを上げ、T組の縄張《シマ》に侵攻してきたときのことだ。盛り場で両組の若い衆同士が小競《こぜ》り合いを起こすなど日増しに緊張感が高まっていた。侵攻された側のT組が黙っていたのではメンツにかかわるが、若い衆は誰も走ろうとしない。

これに本部長がイラ立ち、

「男になってこい！」

と、若い衆のI組員に〝特攻〟を命じた。

「いやです」

とは言えない。

I組員はどうしたか。

拳銃を隠し持って、O会が運営する街金事務所の近くまで行くと、公衆電話から、

「ヤクザ風の不審者がいる」

と自ら一一〇番通報し、警戒に当たっていたパトカーが急行して現行犯逮捕し**て**も**ら**っ**た**のである。

説明はいるまい。拳銃の不法所持だけなら、懲役刑を食らってもたいしたことはない。塀の中へトンズラすれば、殺《や》ることも、殺られることもない。組員が身体を懸けようとしたということで、組のメンツも本部長の顔も立つ。八方丸く収まるというわけだ。

そしてポイントはここからで、本部長はI組員の魂胆を承知しながらも、上機嫌で誉めまくった。なぜか。本部長は組長に対して顔が立ったからである。つまり本部長のイラ立ちは、抗争の指揮官として組長に顔向けできないことが原因であり、I組員はこの心理を読んで、ひと芝居打ったというわけである。

私が知るリース会社営業マンが、大口のリース先を同業他社に取られたときのことだ。リース料金で負けたのだが、上司のワンマン課長は聞く耳を持たず、

「このバカ野郎！　先方の社長に直談《じか》判してでも契約を取り返してこい！」

怒り狂ったのである。

この営業マンはどうしたか。

彼が私に語ったところによると、翌朝、課長の出社を待ってこう報告したという。

「昨夜、直談判しに社長宅に行きましたが、帰宅は深夜になると奥様がインターフォンでおっしゃいましたので、引き上げました。今夜、また行ってきます」

「おまえ、まさか……」

本当に直談判に行くとは思っていなかった課長はそう言って青ざめ、絶句したそうだ。

営業マン氏は私にこう語ってからニヤッと笑ってみせ、「行ったふりですが」と、つけくわえた。

そして――これも、ここからがポイントだが――課長は「もういい、よくやった」とねぎらってから、この一件を上機嫌で部長に報告したのだという。

「ウチの××君が、契約を取り返すんだと言って○○社の社長宅に直談判に行きましてねぇ。幸い社長は留守だったのでトラブルにはなりませんでしたが、ウチにはこのような熱い部下がいるんですよ。その意気やよし、ということで誉めておきました」

先のI組員の例と同じで、上司が問答無用で部下を怒鳴りつけるのは、部下の失敗によって自分の立場がなくなるからだが、それを口にはできない。このフラストレーションが理不尽な怒りとなって、部下の頭上にカミナリを落とすというわけだ。

この心理を知れば、上司も可愛いものではないか。叱責されたら怒るのではなく、上司を手玉に取るつもりで自作自演を楽しめばいいのだ。

ワンマン上司には「ムッとした顔」を見せろ

部下にとって上司は「頭にくる対象」だ。

「この人についていきたい」

と心酔させる上司もいないわけではないが、こういうケースはごく希《まれ》で、同僚と飲めばたいてい悪口の対象となる。

理由は「命令する人」「される人」という立場の違いにある。上司は自分の意図するように部下を動かそうとする。一方、部下は部下で自分の考え方がある。生身の人間同士、そう簡単にはいかない。だから上司はイラつき、無理も言えば叱責もする。

責められたほうの部下は、「身勝手だ！」と口に出すことはもちろんできないが、腹のなかで罵る。憤懣《ふんまん》は次第に溜まっていって、間欠泉《かんけつせん》のごとく、飲めば悪口となって噴出するというわけだ。

私が知るＰＲ会社の営業部長氏は、部下から「独裁者」と呼ばれている。朝令暮改《ちょうれいぼかい》は当たり前。虫の居所が悪ければ特大のカミナリを落とす。ミスを認めず、言い訳のいっさいを聞かず、「仕事は成果がすべてだ！」と鬼の形相で責める。

部下は頭にくる。嫌われて当然の上司だが、ワンマンは得てして仕事ができるものだ。この部長氏も現実に営業数字を上げており、業界でも有能と評価されているが、日々、怒鳴りつけられる部下はたまったものではない。

そこで、

「どう対処したらいいでしょうか」

と、入社二年目の若手から相談を受けた。「給料も悪くないし、何よりＰＲの仕事が楽しいので、このまま会社にいたいのだが、部長にどう接していいかわからない」――というわけである。

「怒鳴られたらムッとした顔を見せろ」

私はそうアドバイスした。

「〝火に油〟になるじゃないですか」

「いや、逆だ」

と言って、こんな例を話して聞かせた。

某組の若頭《カシラ》に超ワンマンがいる。

「どアホ！」

と言うより早く、灰皿が飛び、花瓶が投げつけられる。事務所にあったゴルフクラブで頭をカチ割られた若い衆もいる。ウラ社会のワンマンは表社会の比ではないのだ。だから若い衆は若頭を敬遠する。できるだけ近寄らない。目も合わせない。

「こらッ、何やっとるんじゃ！」

怒声を浴びせられるやビクッとし、「アワワワ……」と、緊張から満足に受け答えもできないありさまだった。

ところが、新しく組に入って来たN君は違った。

「こらッ、ボケ！　電話はコール二回で取るんじゃ！」

見習い修業でN君が事務所当番についたときのこと。若頭が怒鳴るより早く湯飲みを投げつけ、N君の額を割った。

「すんません！」

と悲鳴をあげて土下座するものと誰もが思ったところが、N君は眉間《みけん》に皺を寄せ、ムッとした顔で額の血をハンカチで拭うと、

「次から気をつけます」

と淡々とした口調で言った。

(ヤキを入れられる！)

と誰もが思ったそうだが、若頭は何も言わなかったという。

「あのガキ、見どころあるさかい」

と後日、N君について若頭がポツリと漏らしたことがある。それ以上のことは口にしなかったが、若頭の気持ちは私にはよくわかった。これまでいろんな人間に会ってきた私の経験から言えば、ワンマンは完璧主義者が多い。だから仕事を完璧に仕上げようとすれば、部下に過大な能力と努力を要求する。部下がそれに応えられないと、

「このガキ！」

とウラ社会なら灰皿を飛ばし、表社会であれば、

「仕事は成果がすべてだ！」

と叱責することになる。

だが――このことは、ぜひ覚えておいて欲しいのだが――上司自身、過大な要求であることはわかっているのだ。わかっているから、怒鳴りつけて萎縮されると余計に腹が立つ。萎縮するのではなく、ドラマの半沢直樹ではないがムッとして刃向かってくるくらいの部下が欲しいのだ。そういう部下であってこそ、

（おっ、こいつ、頼りになるぞ）

と快く思うものなのだ。

前出の若頭が、かつてこんなことを口にしたことがある。

「こっちが押し込んだら、押し返してくるような若いもんがええな。どいつもこいつも、わしがちょっと押し込んだだけで腰砕けや」

ワンマンのこの思いは、ウラと表とを問わず、人間社会に共通するものなのである。

そんな話を、先のＰＲ会社の若手にした。

「強気で部長に向かい合います」

と言って意気揚々《いきようよう》と居酒屋を出て行った。上司にどう対処し、切り返すかは、人間関係術に見えて、実は自分の「生き方」の問題でもあるのだ。

「近ごろの若いヤツは」と責められたら

年配者の小言《こごと》は決まっている。

礼儀に関することだ。

「近ごろの若いもんは」

という枕は定番で、挨拶の仕方、言葉づかい、立ち居振る舞い、そして社会常識やしきたりをわかっていないことを批判するときに使われる。

相手が親兄弟であれば、

「ウルセー！」

と一喝してすむだろうが、上司や取り引き先の人間となれば、「ウルセー！」は心で思っても口には出せない。

「スミマセン」

と頭の一つも掻いて、笑いでごまかしたりすることになる。

「あなたのおっしゃる礼儀知らずの若輩が、年金制度を支えてるんですよ」

とでも言って切り返したいところだろうが、切り返しは相手をスパッと一刀両断にしなければ意味がない。単なるイヤ味は〝火に油〟で、

「年金制度？　キミは何を言っているんだ！　そもそも現在の日本の繁栄はだな」

と上司や年配者は調子づくだろう。

「近ごろの若いもん」という叱責やイヤ味は、頭にきてもなかなか切り返せないものだが、

（おっ、言うじゃないか）

と私が感心した実例があるので紹介しよう。

ヤクザ駆け出しのS君が、親分のお伴で義理場（葬儀）に出かけたときのことだ。現代の若者らしく、S君は茶髪で襟足を伸ばしている。金ブチ眼鏡は薄茶のレンズなので、どこから見ても、まんまヤクザで、そういう意味ではウラ社会に相応しい格好《ナリ》なのだが、同門の口うるさい兄ィはこれが気に入らない。

「なんじゃや、その頭は。おのれ、ガイジンか。まったく、いまどきの若いもんは何考えとる

んじゃ」

「たいしたこと考えちゃいないスよ」

と切り返していたら、

「このガキ、いい根性してるじゃねぇか」

と脅されていただろう。同門ゆえ、兄貴分に言いつけられでもしたら、ヤキが入ったかもしれない。ウラ社会では、上の者に対するイヤ味と軽口はヤバイのだ。

そこでＳ君は頭を下げ、こう言ったのだ。

「申しわけありません。組長《オヤジ》の顔に泥を塗ってしまいました。躾《しつけ》は厳しくされているんですが、自分が至らないばっかりに……。決してオヤジが悪いわけじゃありません」

これには、口うるさい兄ィもあせった。Ｓ君は「茶髪＝組長の躾がなっていない」という図式にして切り返したのだ。

この図式でいけば、

「なんじゃ、その頭は」

という叱責は、

「組長はどんな躾をしとるんじゃ」

という批判になってしまう。

それで兄ィはあせり、

「ま、ほどほどにな」

とか何とか言い置いて、その場を急いで立ち去ったのだとS君が笑う。

この手法は大いに参考にすべきだ。

「まったく、近ごろの若いヤツは、挨拶もろくすっぽできゃしない」

とイヤ味を言われたら、

「申しわけございません。礼儀については、新人研修で専務からさんざん叩き込まれたのですが、私が至らないばかりに……。決して上司の指導が足りなかったのではなく、私が悪いのです」

こう切り返せば、

「おいおい、私はキミの上司を批判しているんじゃないんだよ」

相手はあせることになるのだ。

知ったかぶり人間を黙らせる方法

知ったかぶりをする人間は、《壁打ちテニスの壁》である。

異論をはさめば、

「そうじゃない！」

とムキになって反論してくるからだ。強く打てば反発も強くなるということから、知ったかぶりの人間は《壁打ちテニスの壁》というわけである。

だから賢い人は無視しつつ、口では「へぇ、そうなんだ」と軽く受け流す。

しかし、これがよくない。感心されていると勘違いし、ますます知ったかぶりに磨きがかかることになる。鬱陶《うっとう》しい「壁」は、さっさと「倍返し」でぶち壊してしまうに限るのだ。

ウラ社会は、表社会以上に知ったかぶりが多い。これは私の実感だが、自分を大きく見せようとする〝背伸び社会〟だけに当然だろう。

で、某日。ウラ社会の面々にグレーゾーンの人間を交え、ホテルのラウンジでお茶を飲んでいたときのことだ。

「ところで、Ｖ組の跡目は××本部長で決まりらしいな」

とウラ社会の兄ィが言った。

らしいな——と相槌を求める言い方が〝ウラ社会〟流。

「らしいぜ」と言えば、

「俺がつかんだ情報だ」

と自慢げに聞こえてしまい、聞き手に反発心が生まれる。

ところが「らしいな」という言い方にすれば、

「お宅らも知っているかもしれないが」

と、へりくだりのニュアンスを含む。聞き手が〝初耳〟であることを承知で、あえてへりくだることで反発をやわらげつつ、俺は情報をつかんでいると知ったかぶりをするというわけだ。

「マジかよ」

一人がリアクションする。

「ああ、Ｖ組幹部に知り合いがいるんでな」

「知り合いって誰だ」

と意地悪な質問はしない。

「そんなこと言えるわけねぇだろ」

という返答がわかっているからである。

「そうか、××本部長で決まりか。ま、順当ってところじゃねぇか」

とか何とか、聞き手もワケ知り顔で話を合わせたところへ、事件屋というグレーゾーンに棲息するM氏が口を開いた。

「V組の幹部に知り合いがいらっしゃるんですか?」

「ウム」

兄ィが胸を張る。

「さすが、お顔が広いですね」

「そうでもねぇが、渡世してりゃ、いろいろ顔もつながるさ」

「いやいや、器量の問題でしょう」

「たいした器量じゃねぇよ。アッハハハ」

と高笑いしたところで、

「実は手形の件でV組と話したいことがあるんですが、幹部の方を紹介していただけませんか」

その刹那《せつな》、高笑いしていた兄ィの顔が引きつった。かねて兄ィの知ったかぶりを苦々しく思っていたM氏は、ヨイショすることで強烈な倍返しを見舞ったのである。

「ま、向こうもいろいろ立場があるだろうから、いっぺん聞いてみるぜ」

とか何とか、兄ィはあわてて〝幕引き〟をはかったのである。

知ったかぶりは、表社会にも少なくない。会話に割り込み、得意になって話すのを聞いていると腹が立ってくる。しかも、知ったかぶりとは知らず、居合わせた人が感心でもすればギャフンと言わせたくなる。だが、そこで皮肉を言ったり批判したりすれば、知ったかぶりはムキになる。居合わせた人は事情を知らないいため、皮肉や批判を口にしたほうが悪役に見えることになる。

だから、皮肉も批判も口にしてはいけない。

誉めるのだ。

それも、大マジメに「なるほど！」と感心してみせ、「××さんは顔が広い」「頼りになる」「面倒見がいいから」――と、みんなの前でヨイショしておいて、

「実は、顔の広いところでお願いがあるんですが」

と、不意をついて頼みごとをする。

ツテを頼って何とかしてくれればよし。何日たってもラチがあかなければ、再びみんなの前で、

「あれ、どうなりました？」

と督促すればいいのだ。

第3章

怒りは「変化球」でぶつけろ！

〝論点ズラし〟で事態を収める

よそ見しながら歩いていて、人にぶつかれば、

「すみません！」

「どういたしまして」

これは双方、フツーの人の場合。

ところが、ぶつかった相手がヤクザであればそうはいかない。

「すみません」

「で、どないするねん」

「はッ？」

「悪いことしたと思うてるさかい、謝っとんのやろ？　ほなら誠意を見せたらんかい！」

「そんな！」

ということになりかねない。

揚げ足取りの世界に生きるヤクザは、自分に非があっても謝ることは絶対にない。

だから自分の不注意で人にぶつかっても、

「こらッ、どこ見て歩いとるんじゃ！」

謝るどころか、反対に一喝する。

「お宅がぶつかってきたんじゃないですか」

「わしのせいにするのか」

「そんな無茶な」

「何が無茶や！　おのれ、ケンカ売る気か！」

怒声に屁理屈をまぶしてガンガン攻めていくのだ。

「えげつない」

と、あきれてはいけない。国際政治も同じで、日本の領土であることは明らかでも、

「この島はウチの領土や！」

とゴネる国もあるではないか。

「とにかく対話をしましょう」

と呼びかけても、

「歴史認識を改めるのが先や！」

と、わざと難題を突きつけてみたり。

「あれはヤクザ式やな」

と関西の長老が笑うのも当然だろう。ヤクザも国際政治も、自分に有利にコトを運ぶために「怒り」は直球だけでなく、変化球ありビーンボールありで、自在にコントロールされているのだ。

それにくらべて、一般社会人の「怒り」は単調なストレートオンリーである。

先日、喫茶店で、こんな光景を目にした。

「頼んだのはアイスコーヒーだぜ」

サラリーマン氏が抗議すると、

「ホットとおっしゃいましたけど」

ボーイ君がやんわりと反論する。

「いや、アイスと言ったんだ」

「確かにホットとおっしゃいましたが……。わかりました。いまアイスをお持ちします」

ボーイ君は引き下がったが、自分の非を認めたわけではない。だからサラリーマン氏にも不満が残り、ブツブツ言っていた。

ヤクザ式は、こんなストレート球は投げない。

「頼んだのはアイスコーヒーだぜ」

「ホットとおっしゃいましたけど」

「何だと！　俺がウソついてるってのか！」

変化球で論点をズラし、怒って見せる。

「ウソ言っているか！」

と怒って問われれば、

「そうです」

とは言えないもので、

「すみません」

とボーイ君は引き下がらざるをえなくなるというわけである。

そのタイミングで、

「悪いな」

と言えば、

「いいえ、どういたしまして」

ボーイ君は笑顔を見せることだろう。

私にもこんな経験がある。

締め切り日の伝達に行き違いがあり、雑誌の若手編集者が電話で抗議してきた。

「今日、原稿をいただけることになっているんですが」

「いや、来週の頭と聞いているよ」

「そうでしたか。私の伝え方が悪かったかもしれません」

と、ウソでもいいから年長者を立てて相手が一歩下がれば、

「私の聞き違いかもしれない」

と私も譲歩しただろう。

ところが、この編集者は、

「いえ、確かに今日とお伝えしました」

と言い張るのだ。

私はこれにカチンときて、〝怒りの変化球〟を投げ返した。

「キミは、私がウソをついているとと非難しているのかね」

「いえ、そういうわけじゃ」

「じゃ、どういうわけだ」

「申しわけありません」

と一歩引いたので、

「いまから急いで書いて夕方までにメールで送るから」

私も一歩下がると、

「よろしくお願いします！」

彼の弾む声を聞きながら、「怒り」は変化球でストライクを取ることによって人間関係はうまくおさまるということを、私は再認識したのである。

答えず、怒らず、話術で矛先をかわす

「どっちなんだ！」

傲慢な態度で返答を迫られ、

「その言い方は何だ！」

とケツをまくるのは、勇ましくはあるが、ヤクザとしては二流である。

「てめぇ、居直るのか！」

ドンパチが始まり、相手のほうが戦力で勝っていればたちまちやられてしまう。優位にある者に対して怒って見せるのは、交渉術としては拙劣ということなのだ。

では、一流ヤクザはどう対処するか。

答えず、怒らず、巧みな変化球で矛先をかわし、相手を引き込むのだ。

例をあげよう。

広域組織X会が、ローカルのA組に侵攻したときのことだ。

「引退してカタギになるなら命だけは助けてやる」

と、X会の本部長が傲慢な態度でA組長に引退を迫った。

「……」

A組長は沈黙している。

「どっちなんだ！」

業を煮やした本部長が激高すると、A組長が穏やかな口調で言った。

「ヤクザとして、あるべき生き方を考えているんだ」

「どういうことだ」

と、本部長が思わず引き込まれる。

「A組は消える。それはいい。だが組のために身体を懸けた者もいれば、長いこと懲役に行っている者もいる。組が消えたからといって、私にヤクザの足を洗うことが許されるのだろうか。ヤクザとはいったい何なのだろうか。――そんなことを考えているんだ」

「ウーム」

本部長は考え込んだ。「イエスかノーか」の返答を迫っていたはずなのに、いつのまにか「ヤクザの生き方論」になってしまったのである。

「カタギになろうとも、それを拒否して命を取られようとも、私はヤクザであることに変わりはない。なぜなら、代紋を背負《しょ》っているから、すなわちヤクザというわけじゃない。〝生き方〟のことを言うのだと思っている」

この言葉に本部長はいたく感激して、X会会長に進言。A組長はX会支部長として生き残ることができたのだった。

「そんなにうまくいくかよ」

と、口先を侮ってはいけない。「答えず、怒らず、巧みな話術で矛先をかわし、相手を引き込む」――というヤクザ式は、選良《せんりょう》である国会議員も重宝しているのだ。

たとえば、周知のように、小泉純一郎元首相が原発ゼロをブチ上げたときのことだ。国民に人気があり、政界に影響力を持つ小泉氏の発言とあってメディアは大きく報じ、菅義偉《すがよしひで》官房長官に政府としてのコメントを求めた。

「元首相にあるまじき発言だ！」

と非難すれば、〝火に油〟。小泉氏は頭にきて、「原発ゼロ」でガンガン攻めてくるだろう。さりとて「ごもっとも」と言うわけにはいかない。

そこで菅官房長官は、「小泉発言についてどう思うか」という記者の質問には答えず、こう発言した。

「エネルギーの安定供給とコスト軽減という責任あるエネルギー対策の構築が政府の考え方です」

もってまわった言い方で、「現段階で原発は必要」との認識を示しつつ、

「我が国には言論の自由がある。途中で考え方も変わるだろうから、いろいろな議論があってよい」

とコメントした。

首相の〝女房役〟の官房長官としては、小泉発言に怒っているはずだ。

「同じ自民党でありながら、元首相がなぜ内閣の足を引っ張るのか！」

そう言いたい気持ちをぐっと抑えつつ、小泉元首相を非難せず与《くみ》することもせず、政府の主張はきちんと示し、記者に対してはしかるべきコメントを出してみせたというわけである。

ビジネスマンも、窮地においては「答えず、怒らず、巧みな話術で矛先をかわす」というヤクザ式を応用すれば、意外にうまくおさまるものだ。

「どう責任を取るつもりだ！　辞表を出すのか出さないのか！」

上司が傲慢な口調で迫ってくれば、

「そんな言い方はないでしょ！」

と言い返したくなるが、ここで激高すれば、

「そんな言い方もこんな言い方もあるか！　おまえには反省の欠片《かけら》もないのか！」

上司を勢いづかせてしまう。

ヤクザ式は怒らない。

返答もしない。

「なぜ黙っている！」

と問われて初めて、「なぜ」——つまり、黙っている理由についてのみ口を開く。

「責任を取るとはどういうことなのか、きちんと結論を出さずして返事をするのは、会社に対する裏切りだと思うからです」

「どういう意味だ？」

と上司が問うてくれれば、しめたもの。

「辞表は敵前逃亡ではないか、リベンジを果たしてこそ責任を取ったことになるのではないか——。いま、そのことを考えています。お考えを聞かせてください」

「キミが言うとおり、責任をどう取るかは難しい問題で……」

お気づきのように「話のテーマ」はすり変わっている。辞表を出さないですむかどうかはともかく、少なくともそのチャンスを得たことだけは確かなのだ。

レストランで最低のサービスを受けたら

都心のビルの高層階にあるレストランに、一見してヤクザ幹部とおぼしき男が若い女を連れてやってきた。マネジャーは他の客の迷惑になってては困るとでも思ったのだろう。奥まったテーブルへ案内したところが、

「ここからじゃ、夜景が見えないわ」

と女が口をとがらせた。

「おう、あっちの席にしろ」

男が窓際のテーブルに顎をしゃくると、

「あちらは予約席になっております」

マネジャーが咄嗟《とっさ》に答えた。ところが、

「俺だって予約だろう」

表情が険しくなった。

「そ、そうですが……」

「てめぇ!」

と怒鳴ったわけではない。

「責任者を呼びな」

男は穏やかな口調で言ったのである。

マネジャーを追い込んだところで、窓際の席に案内されて終わり。「てめぇ、詫びを入れろ、誠意を見せろ!」――とやったのでは即刻一一〇番で、窓際の席どころかパトカーに押し込まれてしまうことになる。キレ者で知られる男――Z会の幹部は、そんなドジは踏まない。

支配人を呼びつけると、

「同じ予約者なのに、この野郎は差別しやがった」

とネジ込んだのである。

「この野郎は」と、攻撃対象を「マネジャー個人」に限定したところがキレ者のキレ者たるユエンで、

「この店の従業員教育はどうなっているんだ!」

とやったのでは、支配人を攻撃することになってしまう。

そうなれば支配人も、おいそれと退《ひ》くわけにはいかず、

「ご予約の早い方から窓際の席をご用意させていただいております」

とか何とか反論するだろう。

ところが「この野郎は」と限定すれば、「悪いのはマネジャーで、支配人のあんたは悪くない」ということになる。となれば、支配人は安心してマネジャーに非をおっかぶせ、一件落着にしようとする。この心理を読んで、幹部は「この野郎は」と限定してクレームをつけたのである。

「申しわけないことをしました」

頭を下げる支配人に、

「わかった」

幹部は小さく笑って見せ、

「お宅はさすがに話がわかる。実は、この店のサービスは素晴らしいと聞いてきたんだ」

「恐れ入ります」

支配人は恐縮しつつ、ワインを一本サービスした。

連れの若い女は新宿のキャバ嬢で、私はこの話を彼女から聞いて、さすが人間心理に通じたヤクザ幹部のやることはひと味違うと感心したのである。

もし飲食店で不愉快な接客をされたら、カッとなって怒ってはならない。責任者を呼ぶのだ。その上で、たとえば「このウェイターは」と限定してクレームをつければ、責任者は穏便に幕引きをはかろうとするため、非はウェイターにありとして白旗を上げることになる。そのあと、すかさずヨイショしておけば、責任者と友好関係が築ける。ワインをサービスされずとも、次回からいい顔になれるだろう。

このことは飲食店でのトラブルに限らない。クレームをつける相手をワンランク上げ、「悪いのは現場の担当者で、あなたは悪くない」

というスタンスで、目の前の相手を真っ向からは追い込まず、変化球で攻めるのがコツなのである。

自分の陰口を言いふらすライバルをこらしめる

組織に陰口はつきものだ。

仕事ができればできるほど足を引っ張られる。

「陰口は〝出る杭《くい》〟に付きものの勲章さ」

と笑って受け流すこともできるが、陰口は放っておくと一人歩きして既成事実になっていく。

これが怖い。

だから、否定すべきことはきちんと否定しておかなければならない。

だが「事実無根だ！」と怒って否定すれば、

（ハハーン、本当なんだな）

と意地悪く受け取るのが人間の常だ。

受け流してもダメ、ストレートに怒るのもダメ――となれば、どうすればいいか。

たとえば、こんな例がある。

M組が縄張《シマ》とする某市に、広域組織Q会の進出が取りざたされたときのことだ。M組の本部長がQ会に内通しているというウワサが流れ、本部長は組長代行に呼び出された。

「どうなっているんだ」

代行に問われ、

「そんなバカな！」

と本部長は声を荒らげたわけではない。

ムキになって否定すれば、

「じゃ、何でそんな話が出てくるんだ」

と追い込まれ、

「知りませんよ」

と居直るしかなくなる。

実際、本部長は与《あずか》り知らぬことだが、

「知らない」

と否定すれば、

（本当か？）

と疑ってかかられる。

質問者と返答者は対立する関係にあるため、深読みしてしまうのだ。

だから本部長は返答者の立場には立たず、したがって否定もせず、

「ウワサの狙いはなんでしょう」

と話を一歩先に進めたのだ。「ウワサの狙いは何か」ということをテーマにすることで、
代行と同じスタンスに立ったのである。

「内部攪乱《かくらん》か？」

「おそらく。代行は誰に話を聞きました？」

「Gだ」

とM組幹部の名前を口にした。

「Gの野郎が！」

と怒ったのではGとのケンカになってしまい、ウワサを晴らすことにはならない。

本部長は、こう続けたのだ。

「しかし、何でGはそんなウワサを流すんだろう」

「まさか！」

かくして本部長は語らずして嫌疑を晴らし、「GがQ会に寝返ったのではないか」というウワサにすり替えることに成功したのである。ヤクザといえば〝瞬間湯沸かし器〟のイメージがあるが、一流となれば冷静に怒るという術を身に付けているのだ。

一般社会人には、そこまでのズルさはない。

だから悪いウワサが流されると、

「誰だ、そんなこと言っているヤツは！」

「そんなこと、俺がするわけないだろう！」

怒りをストレートにあらわし、ムキになって否定すればするほど、

「やってるぜ、きっと」

と面白おかしく酒のサカナにされてしまうのだ。

タカってくる先輩がウザいときは

ヤクザ社会にも、後輩にタカる先輩がいる。

「悪いけど、この店、払っといてくれないか」

とヘタに出るわけではもちろんない。

「おう、この店、払っときな」

態度はあくまでも横柄なのだ。

だから頭にくる。頭にくるが、

「誘ったのは兄貴じゃないスか。払ってくださいよ」

とストレートには言えない。

「何だ、てめぇ。二万、三万のカネでぐずぐず言ってんじゃねぇよ」

と目を剥くのがわかっているからである。「いちいち俺が払わなくても、てめぇに器量があるなら気をきかせて勘定をすませとけ」——と言外に叱責しているわけで、それはヤクザの処し方として正しい。

「おう、勘定しろ」

「すませました」

「そうか」

こうしたはしっこさがヤクザには大事で、「野郎、見どころがあるじゃねぇか」と、上の人間に目をかけてもらえることになる。

だが、組内で力がなく、シノギがヘタで年中ピーピー言っている兄貴分が相手となれば、処し方はおのずと変わってくる。ヨイショするどころか、タカられないよう距離を置くことになるが、年中ピーピーの先輩に限って何だかんだと言って近寄ってくる。

「よう、飲みに行こうぜ」

「ちょっと用足しがありますんで」

「何でぇ、俺と飲むのがいやみたいに聞こえるじゃねぇか」

「いえ、そういうわけじゃ」

「じゃ、つき合えよ」

ということになって結局、飲み代を払わされるハメになる。飲み代だけならまだしも、へ

タすりゃ、

「おう、五十万ほど回せや」

とガジられる（タカられる）ことにもなりかねない。

だが相手が先輩となれば、頭にきてもケツをまくるわけにはいかない。

「てめぇ、いい加減にしろ！」

という言葉を呑み込み、腹立たしさに悶々とすることになる。

サラリーマン社会にも、このテの先輩は必ずいる。ヤクザ兄ィのようにあからさまにガジりはしなくても、

「飲みに行こうか！」

後輩たちを誘っておいて、いざ支払いの段階になると、

「エー、四人だから、一人三千五百円！」

さっさと割り勘にしてしまう。

飲んでいる最中はさんざんぱら先輩風を吹かし、後輩たちは当然、奢ってもらえると思ってヨイショする。それがいざ勘定になって「一人三千五百円！」——とやられれば、

（なんだ、こいつ！）

頭にも来るだろう。

しかも、こういう〝鼻つまみ者〟に限って、

「飲みに行こうぜ」

と誘ってくるのだ。

では、どうやって撃退するか。

先のヤクザ兄ィを例に出せば、後輩の一人はすかさず借金を申し込んだ。

「飲みに行こうぜ」

「カネ、貸していただけませんか」

「ナンボだ」

とは、もちろん訊ねない。訊ねれば、「いくらまでなら貸せるか」という話になってしまうからだ。

「バカ野郎。暴対法でアゴが上がってんだ」

「五万でいいんですが」

「しけてやがんな」

とか何とか言いながらスーッと離れていく。これを組員たちの前でやれば、「五万円のカ

ネもないのか」と思われ、先輩は赤っ恥をかく——と言って笑いを噛み殺すのは、当の後輩君である。

「飲みに行こうぜ！」

タカリの先輩に誘われたら、

「ありがとうございます。でも、このところ厳しくて、ご馳走になっていいんですか？」

笑顔で、しかし単刀直入に訊くのだ。

「割り勘だ」

と言えば、

「じゃ、またにしてください」

笑顔のままで告げ、さっさと逃げればいいのだ。

欠点を煙に巻くセールストーク

人が気に病《や》んでいることをあげつらうのは、楽しいものだ。

「おっ、ずいぶんハゲてきたな」

「うるさい！」

「頭がピカチュー、なんちゃって」

「怒るぞ！」

ムキになればなるほど、面白がってからかう。無視するのがいちばんだが、周囲がからかいをやめるようになるまでには相当の忍耐を要する。いや、そもそも無視できないから悩むのである。

となれば、からかいを封じる方法は二つ。恫喝《どうかつ》によって封じるか、煙に巻いて雲散霧消《うさんむしよう》させるか。

こんな例はどうか。私の知る兄ィは計算に弱い。ヤクザには珍しいタイプだ。ヤクザは一般的に数字に強いもので、

「エー、八百万円の元金を月四分の金利で回せば……」

と、即座に暗算してみせる。

「キリトリ（取り立て）は六千万や。経費引いて、半分を親分《おやじ》に持って行って残りは金主《きんしゅ》と折半。残りを山分けやが、クルマ運転した若いもんに小遣いやるから、せやな、一人頭の取

り分は……」

パッパッパと、これまた暗算である。彼らは机上の学問ではなく、お金のやりとりを通じて算術を体得していくのだ。

ところが、私が知る兄ィは計算が苦手で、

「兄貴、また金利の計算を間違えたじゃないっスか」

と若い衆たちがそれをあげつらったところが、

「バッキャローー！　〝また〟とはなんてぇ言いぐさだ！　今度、軽口叩いたら承知しねぇぞ！」

激怒して、クリスタルの灰皿を床に叩きつけて割ってしまった。これが恫喝による〝口封じ〟で、若い衆たちはさすがに軽口を叩かなくなったが、それは面と向かってそうしなくなっただけのこと。若い衆が仲間と一杯やるときは、

「エー、八百万円の元金を月四分の金利で回せば……」

「兄貴、計算がまた間違ってますぜ」

「バッキャローー！　〝また〟とはなんてぇ言いぐさだ！」

口調のモノマネをして楽しんでいる。

短所や欠点は、それが恫喝であれ、封じようとすれば逆効果になってしまうのだ。このことに気づいた兄ィは、煙に巻く方法をとったのである。

「あっ、いけねぇ、金利を間違ってしまったぜ」

兄ィがつぶやいたところで、

「またですか」

と、若い衆が思わず口にして青くなった。

(ブッ飛ばされる！)

と覚悟したところが、

「おいおい、〝また〟じゃなくて〝またまた〟だろう。ゼニ勘定は苦手なんだ。俺はヤクザであって商人じゃねぇからよ」

「そ、そうスか」

若い衆は引きつった笑顔を見せたと、兄ィが笑っていた。

欠点や短所は、相手が認めてしまえば、あげつらっても面白くないので自然消滅していくのだが、頭がキレるこの兄ィがつけ加えた一言に注目すべきだ。

「ゼニ勘定は苦手なんだ」

と認める一方で、さりげなく、

「俺はヤクザであって商人じゃない」

という一語をつけ加えている。「ヤクザであって商人じゃないから計算を間違える」と、逆説的にヤクザである自分をアピールしているのだ。

かくして兄ィの欠点は、

「さすがヤクザだぜ」

という賞賛に転ずるのだ。

そういえば、私もこんな経験がある。クルマを買い換えたときのこと。営業マンのミスで、見積もりにオプション装備の計上がされていなかったので、

「この見積もり、間違ってないかい？」

私が指摘すると、

「あっ、ホントだ！　実を言うと私は計算が苦手でしてね。いつもお客さんの得になるように間違えてしまうんですよ。営業マンとして失格ですね」

ジョークで切り返した。欠点転じて巧妙なセールストークになったのだ。

「おっ、ずいぶんハゲてきたな」

「もうちょっとの辛抱。全部ハゲたら、もうハゲなくなるさ」

笑って受け流せば、からかう人間はいなくなるはずだ。

怒りは、こうしてストレートではなく、変化球でコントロールするのだ。

正論で難クセをつける相手を〝門前払い〟

「おまえはバカだ」

と非難されれば、

「何だと！」

カッとなって猛反撃。相手の返答次第でブッ飛ばすことだってあるだろう。「おまえはバカだ」というのはあきらかなイチャモンであり、非は相手にある。したがって怒りをコントロールする必要もなく、存分に怒ればよい。腕力に訴えたとしても、「そりゃ、怒るだろうさ」と周囲も納得してくれる。

ところが、イチャモンとわかっていながら、相手の非難が「正論」であった場合は、そうはいかない。

たとえば、

「まだやっていないのか」

と、仕事の期日が過ぎていることを同僚に非難され、

「何だと！」

と怒ったのでは居直りに見られる。「この野郎！」――とブッ飛ばしでもしたら、周囲から非難囂々《ごうごう》である。イチャモンであり、イヤ味であるとわかっていても、相手の非難が「正論」であればケツをまくることはできないのだ。だから余計、頭にくる。腸《はらわた》が煮えくり返り、怒りに身体を震わせることになる。

こういう場合は、怒りにまかせて反撃してはならない。「正論」に対して反論すると「言い訳」に聞こえてしまうため、ますます不利になってしまうからだ。「正論」を装ったイチャモンに対しては反論せず、問いかけという変化球をぶつけて切り返すのだ。

広域組織の幹部会での失敗談。

「K組は何やってるんだ。殺《や》るの殺《と》るのと勇ましいことばかり言って、もう三月《みつき》になるじゃねぇか」

ライバルのS組長になじられ、K組長はムッとして言い返した。

「血眼《ちまなこ》になって居場所を探してるんだが見つからねぇんだ」

「どこを探してんだか」

「そんな言いぐさはねぇだろ!」

「じゃ、とっとと殺っちまえばいいじゃねぇか!」

そのとおりだ――と居並ぶ幹部たちが大きくうなずき、K組長は非難の視線にさらされてしまったのである。

K組長の敗因は、カッとなってS組長に反論したことにある。血眼になっていようといまいと、「探しているが見つからない」というのは言い訳である。そこを衝《つ》かれれば、結局、負けてしまう。イチャモンに対してはストレートに反論せず、〝門前払い〟にするのだ。

「もう三月になるじゃねぇか」

「ウチの仕事だ。黙って見てろ」

これでいい。

「黙って見てられねぇから言ってんだろ」

と追い打ちをかけてくれれば、

「黙って見てられねぇなら、手伝わせてやってもいいぜ」

と切り返せばいいのだ。

「そんなプランは新鮮味がないね」

同僚のイチャモンに対して、

「どこが悪いんだ！」

カッとして反論態勢を取ると、

「だってそうじゃないか」

同僚は勢いづいて、いかに新鮮味に欠けるかの理由をまくしたてるだろう。

ここは門前払いにするのだ。

「対案なき批判をする人間を、世間じゃヤジ馬と言うんだ」

「ヤジ馬とは何だ！」

と怒れば、

「キミのプランを言ってみたまえ」

「俺なら……」

とプランを提示してきたら、

「新鮮味がないね」

同じセリフでバッサリ切って落とせばいいのだ。

部下の意見を聞こうとしない上司にイエスと言わせる

インターネットで、いかがわしい動画が見られると聞くや、

「おう、インターネットたらいうもんをすぐ買《こ》うてこい！」

と関西の某親分が若い衆に命じた。笑い話ではなく、十数年前、取材先で私が実際に耳にしたことである。

「それがいまは、マンションの一室にパソコンのモニターをずらりと並べてデイトレードやからね。しかも一日に数億円を運用するんや。ごっついシノギやで。時代が変わった言うたらそれまでやけど、当時は通販サイトを立ち上げるにも親分に怒鳴りつけられたもんや」

とは、インテリで知られる某組織の中堅ヤクザ氏だ。当時、ミカジメ（用心棒代）や博奕《ばくち》など旧態依然とした〝伝統的シノギ〟は当局の取り締まり強化によって遠からず行き詰まる

——と見越したこの中堅ヤクザ氏は、

「親分、これからは通販でっせ」

と進言して、

「アホんだら！」

と、大目玉を食ったものだと懐かしそうに語る。

「ヤクザが商売人のマネしてどないするんや！」

というのがその理由だったそうだが、これをカタギ社会の言葉に置き換えれば「前例がない」ということになるだろう。

いつの時代も上司は保守的で、部下の提言が斬新であればあるほど拒否反応を示す。フレックスタイム、成果主義、男性社員の育児休暇、さらにセクハラやパワハラといった告発など、時代を先取りした提言やフレーズは「前例がない」という理由で上司に一蹴《いっしゅう》されたものだ。いまでこそアウトソーシングは当たり前だが、知人の編集マンが、編集プロダクションに企画から編集まで一括発注を編集長に進言したところ、

「丸投げなんか前例がない。おまえは楽をしたいのか！」

と一喝されたと言って腐っていたものだ。

提言に対して、明確な反証があって却下するなら部下も納得する。だが、「前例がない」あるいは「時期尚早」を理由にされたのではカチンとくる。

「前例がないからこそ、やる価値があります！」

と食いつけば、

「組織は冒険してはいかんのだ」

とか何とか屁理屈を言う。

「余計なこととして失敗したら、俺の責任になるじゃないか」

と本音を口にすればまだしも、保身を屁理屈で言い繕《つくろ》うことに腹立たしさを覚えるのだ。

では、頭にきたらどうするか。

「時代に乗り遅れますよ。なぜなら――」

と、理屈で説得するのは間違い。

「なるほど、そうか」

と折れたのでは、上司は自分の無知を認めることになるからだ。

こういうときこそ変化球で怒りを表現してみる。つまり、相手をくすぐるのだ。たとえば前出の中堅ヤクザ氏は十数年前、通販サイトの立ち上げに際して、親分にこう言った。

「組のために、自分の一存ということでやらせてください」

業界特有の微妙な言い回しだが、「儲けは上納しますし、何があっても責任は自分が取りますので目をつむってください」——と言外に伝えたのである。

「好きにしたらええ」

と親分はぶっきらぼうに言ったそうだが、通販サイトが成功するや、

「極道も時代に乗り遅れたらアカンでぇ。ウチの××は頭切れるさかい、安心してまかせられるわ」

上機嫌で、お誉めの言葉にあずかったそうだ。「前例がない」という上司の拒否に対しては、怒って嚙みついたり、理屈を振りまわして諭したりするのではなく、「うまくいけばあんたの手柄、失敗したら私の責任」と人間臭く口説くのが基本なのである。

ただし、これは上司と一対一の場合。組織対組織となれば、やり方は違ってくる。たとえば我が陣営が提案し、対抗陣営が「前例がない」「時期尚早」といった理由で突っぱねた場合は、

「それは間違っている！」

と強硬に攻めるのが正解。うまくいけば手柄になるし、意見が通らなくても「あいつはよ

くやった」と自陣から評価され、対抗陣営からも「あいつ、なかなかやるじゃないか」と一目置かれることになるからだ。

川淵三郎氏がJリーグを発足させるために奔走していた当時のことだ。日本サッカー協会の幹部たちが、

「サッカーのプロ化？　ちょっと待て。景気も悪くなってきた。どこの企業がサッカーなんかにカネを出すんだ。時期尚早じゃないか」

「日本にはプロ野球がある。サッカーのプロ化で成功した例なんてない。前例がないことをやって失敗したらどうするんだ。誰が責任を取るんだ」

と反対したところ、川淵氏はこう反論した。

「時期尚早と言う人間は百年たっても時期尚早と言う。前例がないと言う人間は二百年たっても前例がないと言う。そもそも時期尚早と言う人間は、やる気がないということなんだ。でも、私にはやる気がありませんとは情けなくて言えないから、時期尚早という言葉でごまかそうとする。前例がないと言う人間は、私にはアイデアがないということなんだ。でも、私にはアイデアがありませんとは恥ずかしくて言えないから、前例がないという言葉で逃げようとする」

舌鋒鋭く批判し、

「大体仕事のできない者を見てみろ。自らの仕事に誇りと責任を持てない人間を見てみろ。次から次へと、できない理由ばっかり探し出してくるだろう。仕事というものは、できないことにチャレンジをして、できるようにしてみせることを言うんだ」

と迫ったのである。

この一言がきっかけになって、サッカーのプロ化は進展していく。もし、このときプロ化がうまくいかなくても、「川淵はたいした人物だ」と敵も味方も評価したことだろう。

「やる気があるかないか、問われているのはそこなんだ！」

上の人間と一対一の場合は絶対に切れない〝怒りのタンカ〟も、組織対組織のときは思い切りカマせばいいのだ。

自己チュウ人間の腰を砕く疑問挟み術

友達の紹介で、中年男性が私を訪ねてきた。男は健康サプリをお土産にくれると、健康の大切さ、商品の素晴らしさを滔々《とうとう》と語ってから、販売グループに入れば金銭的なメリットがある——とつけ加えた。

何のことはない、マルチ商法の勧誘である。マルチであっても合法ビジネスであればあえて批判はしないが、この男の正義面《づら》が気にくわなかった。エラそうに健康の大切さを説いているが、おまえは金儲けでやっているだけじゃないか。

「興味ねぇな」

あっさり断ると、

「どうしてですか。健康は興味があるとかないとかの問題じゃなくて……」

目を剥いて説得しかけたが、すぐに私の不機嫌な顔に気づき、「失礼しました」と言い残し、そそくさと帰って行った。

私のような自由業は、人間関係に縛られることが少ないため、「てめぇ、帰れ！」と追い払えば一件落着だが、会社勤めをしていて同僚などから勧誘されると、断り方は難しいだろう。

これはマルチに限らず、さまざまな勧誘について言えることで、機械メーカーに勤める知人は、同僚から反原発運動に加わるよう勧誘された。人間関係を壊さないよう断るのに四苦八苦したという。反原発運動に限らず、勝手に勧誘しておきながら断ると非難に転ずるのが通例で、こういう手合いは本当に腹立たしいものだ。しかも相手が知人や職場の関係者となれば、そうそうケツをまくるわけにはいかない。

どうすればいいか。

話の腰を折るのだ。それも予期せぬ折り方をすれば勧誘ペースは乱れ、頭は混乱状態になってしまう。ヤクザが得意とする変化球の話術で相手の鼻面《はなづら》を引きまわし、自分に有利にコトを運ぶときに使う方法だ。

実例を紹介しよう。

A組の若い衆に不始末があり、それをめぐってB会が〝掛け合い〟（談判）に乗り込んできたときのことだ。B会としては「A組の若い衆が、ウチの縄張で愛人にぼったくりバーをやらせていた。そのことを咎《とが》めると居直ってケンカになり、ウチの組員を刺して重傷を負わせた。ついては、このオトシマエをどうつけるのか」——と主張するつもりだったという。

この筋書きにそって、B会が口火を切る。

「お宅の若い衆が、ウチの縄張で女にぼったくりバーをやらせていたんだ。それをウチの人間が見つけて……」

「どんな女だ」

「二十代半ばかな。以前はソープにいたとか。それでウチの人間が見つけて、お宅の若い衆を呼び出したんだが……」

「どこへ呼び出したんだ」

「喫茶店《サテン》だ。四丁目の……」

「喫茶凸凹だな」

「ああ、それで……、何だったっけな」

こんな調子で話の腰を折ることによって、相手のテンションは次第に下がっていくのである。

「なんでぇ、さっきからごちゃごちゃ言いやがって！」

と相手が怒れば、

「なんだ、その言いぐさは！」

本来の案件であった若い衆の一件は、どこかに吹っ飛んでしまうことになるのだ。

「実は健康にいいサプリがあるんだ。疲れによくきいてね。朝の目覚めからして違うんだ。

成分は……」

「キミは毎晩、何時に寝ているの？」

「十一時ころかな。飲んだときは十二時を越えるけど……。それで成分のことだけど」

「起きるのは？」

「六時前かな。それで成分のことだけど、野菜二十種類の天然エキス。つまり植物性のサプリだから身体にやさしいんだ。一カ月分がわずか……」

「課長は毎朝、五時起きだって。それからウォーキングだそうだ」

「へぇ、そうなんだ。で……、どこまで話をしたっけ？」

「十一時に寝る、だったかな」

「いや、それはさっき言ったと思うけど……」

「あっ、いけねぇ、約束の時間だ。じゃ——」

これでいい。まともに話を聞くから腹立たしくなってくるのだ。

第4章

部下の心を操る一流の怒り方

反論を封じる部下や後輩の怒り方

部下や後輩のポカで、迷惑をかけられたとする。

カッとなって、

「バカ野郎、何やってるんだ！」

と思わず怒鳴りつける。

「すみません」

部下や後輩は謝ってみせるが、自分が悪いとは思っていない。失敗には失敗するだけの理由があるため、頭ごなしに怒鳴りつけられたことに腹を立て、逆恨みすることになる。叱った側は溜飲は下がるだろうが、恨みを買ったぶんだけ損することを忘れてはならない。怒鳴りつけるときは「自分が悪かった」と相手が納得し、反省し、恨みを残さないのが「正しい叱り方」ということになる。

叱り方のプロは何といってもヤクザだ。

「バカ野郎！　ヘタ打ちやがって、腕落としたくらいですむと思うなよ！」

怒鳴りつけられて若い衆は震え上がる。「ただですむと思うなよ！」と言ったのでは曖昧で恐怖はイマイチだが、「腕を落とす」という一語によってリアリティが喚起され、

（ヤバ！）

ということになる。

あるいは逆に、

「六甲へドライブ連れてったろか？」

抽象的な言葉を発して、

（六甲山に埋められる、ヤバイ！）

と連想させ、

「命だけはお助けください！」

と相手を震え上がらせたり。言葉による叱責、恫喝《どうかつ》——といった芸当は、まさにヤクザの得意ワザなのである。

ただし——ここからが本論だが——叱責と恫喝においてヤクザは一様にプロだが、このあとのフォローの仕方で一流と三流の違いが出てくるのだ。

たとえばガンガン叱責しておいて、

「次から気をつけろ！」

「今回だけは目をつむってやる」

「今度、ドジを踏んだら指詰めだぜ」

と、叱責のトドメを刺すのは三流。

「申しわけありませんでした」

と殊勝に謝っては見せるが、本心から「自分が悪かった」とは思わない。いや、悪いとは思っても、頭ごなしに叱責されたという恨みのほうが強くなる。だから三流というわけだ。

一流は、頭ごなしに怒るところは同じであっても、そのあと、たとえばこんな一語をつけくわえる。

「おめぇらしくねぇな」

と自尊心をくすぐるか、

「ドシ踏んだことを怒ってるんじゃねぇ、怠慢を怒ってるんだ」

といったレトリックで、怒鳴られて当然という気にさせるか。どっちに転んでも、恨みは残らず、

（俺が悪かった）

という気にさせるというわけである。

会社だってそうだ。

「このバカ野郎！」

頭にきて思わず怒鳴りつけたら、すぐに冷静さを取り戻し、

「キミらしくないじゃないか」

と、くすぐるか、

「失敗はいい。だが、怠慢は断じて許されない。違うかね？」

とレトリックで怒ることの正当性を口にする。

このフォローさえあれば、

「このバカ野郎！」

「いまの言葉、撤回してください！」

と切り返されることもないのだ。

「誉める」ために「怒る」

人間は感情の生き物である。

だから理屈を超えて感動もすれば、怒りを覚えもする。この心理がわからなければ親分は務まらない。ヤクザ社会は、親分のために子分が命を捨てるのだ。現実はどうあれ、この建て前によってウラ社会は秩序が保たれている。したがって、親分の器量とは「ムチとアメ」――すなわち「怒り」と「賞賛」の絶妙な使い分けを言うのだ。

Uという親分がいた。組は小さかったが、一本独鈷《いっぽんどっこ》で、某県某市を縄張《シマ》としていた。ある日のこと。若手のN組員が足を洗いたいと言ってU親分の前におずおずと立った。緊張で青ざめ、膝が震えている。

「あのう、父親が入院したので自分が働かなくてはならなくなりまして……」

「ヤクザじゃメシが食えねえってか?」

コクリとうなずくや、

「バッキャロー！」

親分がＮ君の頬を張り、足蹴にし、椅子を振り上げて頭をカチ割った。

「ヤクザを何だと思ってやがる！　一年やそこいらでケツ割りやがって！　足を洗いたけりゃ、首くれ！」

ボコボコにされたのである。

どうすべきか踏ん切りがつかぬまま、Ｎ君が足を引きずりながら病室に行くと、父親がベッドに横たわったまま、Ｎ君に両手を合わせた。

「どうした？」

「入院費の足しにと、いま組長さんのお使いの人が……」

震える手で分厚い封筒を差し出した。帯封をした札束が三つ——新札で三百万円が中に入っていた。「大事なセガレさんを預からせてもらって申しわけありません」——届けた幹部は、組長の言葉としてそう伝えたのだという。

「涙が出てさ」

とは、いまは幹部に出世したＮ君の二十年前を振り返っての述懐《じゅっかい》である。

「組長《オヤジ》のために身体を懸けようってね、このとき覚悟したものさ。やめる？　まさか。足を洗おうなんて、それ以後、一度も考えたことはなかったね」

実際、組のために身体を懸け、何度も懲役に行ったという。

U親分はすでに故人になって久しいが、私も何度か会ったことがある。感情の起伏が非常に激しい人だったが、組長を知る人の話を聞くうちに、あの人は「怒り方の達人」ではなかったか、という思いがしている。

「バッキャロー！」

カミナリを落とし、手も足も出し、

「てめぇなんか死んじまえ！」

と突き放したあとで必ずフォローし、組員をホロリとさせ、「親分のためなら」と忠誠をあらたにさせているのだ。言い方を換えれば、ホロリとさせるために怒る――そう私は感じたのだった。

N君の場合だって、ボコボコにすることなく、

「そうか。じゃ、取りあえず入院費の足しとして三百万。組をやめないで頑張りな」

といって渡していたら、あそこまでの感激があっただろうか。人心収攬《しゅうらん》術とは、「アメとムチ」ではなく、「ムチとアメ」――すなわち、まずいかに怒ってみせるか、というところ

がポイントになるのだ。

かつて某誌に「暴君」の異名をとる編集長がいた。編集部員がミスをすると怒声を浴びせ、容赦なく叱責する。それでも人気があった。これは私の〝岡目八目《おかめはちもく》〟の推測だが、怒ったあとタイミングを見計らって巧みにフォローするため、部下に恨みが残らない。いや、暴君だからこそ、ちょっとした評価やホメ言葉が何倍もの喜びを部下にもたらすのだ。

「この間抜け野郎！」

ガツンと叱ったあとで、デスクあたりに、

「ウチの編集部の雰囲気が明るいのは、あの間抜けのおかげだな」

といったことを、さらりと口にする。

これを伝え聞いた〝間抜け君〟はどう感じるだろうか。

（編集長は俺のことを評価している）

思わず笑みをもらし、暴君のことが好きになるに違いない。

以上のことから、「怒って、フォローする」というのではなく、「フォローを効果的にするために怒る」というのが、人心収攬の技術ということになる。

頭にきても怒鳴らず、「それで?」と追い込め

部下が仕事でドジを踏めば、誰だって頭にくる。

問題は、その怒りをどう表すか。

上司の能力は、ここで問われるのだ。

デキの悪い上司は、怒りをコントロールすることができず、思わずカッとなって「なぜだ!」――と、ドジを踏んだ原因を追及しようとする。勇ましいが、怒りを部下にぶつけているだけで、何の解決にもならない。

しかも、「なぜドジを踏んだのか」という詰問は、部下に「言い訳」をうながしていることに気づいていない。言い訳は厳に禁じるべきことであるのに、怒りによって冷静さを欠いてしまうというわけだ。

たとえば、競合他社に売り込み競争で負けたとする。

「なぜだ!」

上司が激怒する。

「見積もりで負けました」

と言われれば、上司に返す言葉はなく、

「そうか」

舌打ちの一つもして、振り上げたコブシをそっと下ろすことになる。

私にこんな経験がある。編集企画会社をやっていたころのことだ。私が単行本の企画を立て、社員にプレゼンさせたところ出版社は乗らなかった。企画には自信があっただけに、私は思わず、「なぜだ！」と社員に怒りをぶつけていた。

すると社員は言った。

「類書の販売実績がよくないということのようです」

そう言われれば、私に返す言葉はなく、

「そうか」

舌打ちをするしかなかったのである。

「なぜ」と問われれば、部下はそれに答えなければならないが、当然ながら「自分は悪くなく、原因は他にある」という説明になってしまう。となれば、それ以上、突っ込むことができなくなる。この当たり前のことに、若かった私は気がつかなかったのである。

「なぜ」——と問うことがいかに拙劣であるか、のちに『ヤクザの実戦心理術』（ＫＫベストセラーズ）の取材をして私は悟る。カッとして「なんでや！」と追い込むのは二流幹部で、一流は冷静に怒るのだ。

たとえば、若い衆が借金の取り立てに行って手ぶらで事務所に帰ってきたとする。

「なんで一銭も取れんのじゃ！」

と言って怒ったのでは、若い衆は「しかじか、かくかく」と理由を並べ立て、自分は悪くないことを強調する。

一流幹部は怒気を腹に呑み込んで、

「そうかい。それで？」

と先をうながす。「それで、おまえはどうする気なんだ」と対応策を問いかけるのだ。

「野郎の店がうまくいってりゃ、話は早いんですが、この不景気で……」

「そうかい。それで？」

「誰かに借りさせるしかないと思ってるんです」

「そうかい。じゃ、頼んだぜ」

これで一件落着。若い衆は対応策を自分から口にした手前、必死で相手を追い込むことになるのだ。

「納期に遅れたため、取り引きを中止すると言われました」

「なぜだ！」

と怒るのではなく、

「そうか。それで？」

と質問を投げかけ、先をうながす。

「それで……、何とか手を打たなければなりません」

「ウム。それで？」

「土下座して謝ってきます」

「わかった」

これでいい。部下が仕事でドジを踏んだときは、「なぜだ！」と怒って迫るのではなく、「それで？　それで？」と追い込み、解決策を部下自身の口から言わせるのがコツなのである。

言質を回避する「そこまで言わせるのか!」

ヤクザと会話していて、留意すべきことが二つある。

「念押し」と「根掘り葉掘りの質問」だ。

そのことを知らず、駆け出しのライターがヤクザ幹部を取材したときのことだ。

「抗争の原因は何だったんですか?」

メモ帳を構える。

「ま、お互い、代紋を背負《しょ》った人間や。何やかんやカラミもあるがな」

「倒産会社の債権整理でぶつかったと聞いていますが」

「そういうこともあるやろな」

「確認しますが、債権整理がドンパチの原因ということですね」

「知るかいな。そういうこともあると言ってるだけや。何やねん、さっきから根掘り葉掘り。取材は終わりや!」

怒鳴りつけられ、身体が震えたと新米ライターが私に語ったものだ。

「念押し」と「根掘り葉掘りの質問」を嫌う理由は、言質《げんち》を取られないためだ。

「五百万ほど都合つかねぇか」

「わかった」

と返事してお金が用意できなければ、

「よう、どうなってんだ」

と追い込まれることになる。

これがヤクザ社会だ。

だから、返事は曖昧にしておく。

「五百万ほど都合つかねぇか」

「どうかな。一応、当たってみるが、期待しねぇでくれよ」

こんな調子で逃げる。

「本当に当たってくれんのか？　誰に当たるんだ」

と「念押し」や「根掘り」をやろうものなら、

「そんな言い方はねぇだろ」

怒ってみせるのだ。

それだけに、「念押し」と「根掘り」をかわす技術は経験で磨き抜かれている。

たとえば、次のようになる。

「お宅の若い衆の不始末、どうしてくれるんだ」

他組織からネジ込まれ、

「指を落とさせる」

と返答すれば言質となる。

若い衆が指を詰めなければ、

「どうなってんだ」

と責《せ》められる。

だからキレ者は言質を与えず、

「ケジメは俺のほうでつける」

と曖昧な返答をする。

「確かだな？　で、どうつけるんだ」

と「念押し」と「根掘り」で攻めてきたら、

「そこまで俺に言わせるのか！」

怒気を含んだこの一語によって、「若い衆の不始末」をめぐる話し合いは「俺の言うことが信じられないのか」という争点にすり替わるというわけだ。

あるいは、こんな例もある。

「例の件、どうなっているんだ」

「それが野郎、のらりくらりで……。返答によっちゃ、野郎をシメてもいいっスか」

「たっぷりヤキを入れてやれ」

と言ったのでは、事件になったときにヤバイし、

「やめとけ」

と〝待った〟をかけたのでは、目的を達することはできない。

そこで有能なヤクザは、

「バカ野郎！　そんなことまでいちいち俺に聞くな！」

怒声を浴びせる。

この言葉をどう解釈するかは若い衆の勝手で、こういう場合の怒声は「やれ！」と解釈するのがフツーであり、それを見越して「そこまで言わせるのか！」という一語になるという

わけである。

「悪いけど、三年ほど地方支社で辛抱してくれないか」

上司が部下に言う。

「島流しですか」

「悪いようにはしない」

「呼びもどしていただけるということですか?」

「悪いようにはしないと言ってるじゃないか! 私の口からそこまで言わせるのか!」

「申しわけありません」

かくして部下は、「悪いように」の中身を自分の都合のいいように推測し、納得して左遷されていくことになるのだ。

抽象論で責めれば相手は逃げられない

ミスしておいて、反省の欠片《かけら》も見せない。

こんな輩《やから》ほど腹立たしいものはない。

「ああ言えばこう言うで、カエルの面《つら》に小便《しょんべん》ですよ」

と、某週刊誌の編集長が嘆く。

事件取材でライバル誌に抜かれ、

「何やってるんだ！」

と担当者を叱責したところが、

「しょうがないでしょう。当事者に取材拒否を食らったんですから」

平然と答えたため、それ以上、怒りの言葉が出てこなかったのだという。

あるいは、知人の某作家が夫婦で老舗の温泉宿へ泊まったときのこと。仲居さんの接客態度が悪かったため、女将《おかみ》にクレームをつけたところ、

「それは申しわけございませんでした」

態度こそ丁重だったが、反省はまったく感じられず、うまくいなされてしまったと憤る。

これらは一例だが、編集長も作家も〝責め方〟がヘタなのだ。「何やってるんだ！」という叱責も、女将へのクレームも感情的になったもので、怒りがまったくコントロールできていない。だから、かえって〝責め〟になっていないのだ。

では、どうやるか。

相手が返事に窮する質問を浴びせかけるのだ。ウラ社会の面々がもっとも得意とする〝怒りの技術〟で、私にこんな経験がある。

新宿の飲み屋で、関西系の兄ィを取材していたときのことだ。茶髪の若い店員君があやまって兄ィのズボンに酒をこぼした。すぐさま平身低頭して詫びればコトは大きくならなかったろうに、

「あっ、いけねぇ。大丈夫っスか?」

人ごとのように言ったので、兄ィが怒った。

「こらッ、どこ見とんじゃ!」

と感情にまかせて怒るほど、兄ィは甘くはない。

「どこ見とんじゃ!」

と言って怒れば、

「つまずいてしまって」

と酒をこぼした理由を口にするだろう。

理由を口にされたのでは責めにくくなる。だから兄ィは店長を呼びつけると、こう言って

タンカを切ったのだ。

「こらッ、店長！　おのれ、極道をなんや思うとんねん！　ハッキリ言うてみィ！」

店長にしてみれば、客の怒りも、ヤクザもんであることもよくわかっている。だが、「極道をなんや思うとんねん」と問われても答えようがない。

だから、あせる。

あせればあせるほど言葉に詰まり、アワワワと口ごもってしまう。

そこをすかさず、

「こらッ、何黙っとるんじゃ！」

さらに追い込まれるが、これまた店長は答えようがなく、

「アワワワ」

「おのれ、わしをナメとんのか！」

ガンガン攻め込まれ、結局、目の玉が飛び出るような〝クリーニング代〟を支払うことになったのである。

兄ィの取った態度について、是非は別として「怒り方」という技術論で見れば、ヤクザは心理術のプロだと、このとき舌を巻く思いがしたものだ。

この兄ィが、前述の編集長であったなら、

「何やってるんだ！」

といって叱責するのではなく、

「ジャーナリズムを何だと考えている！」

と〝抽象論〟で責めたはずだ。

いきなりこう問い詰められては、部下は口ごもってしまうだろう。

「なぜ黙ってる！」

「おまえは、そんなことも答えられないのか！」

ガンガン攻め込み、

「取材し直してこい！」

堂々とペナルティーを科し、部下も負い目を感じて素直に従うものだ。

旅館で腹を立てた作家もそうだ。女将にクレームをつけるなら、仲居の接客態度がどうとか、女将に具体例をつきつけるのではなく、

「女将は旅館業について、どう思っているのかね」

と、抽象論を大上段に振りかざすべきだった。

「どうとおっしゃられましても……」

口ごもればあせり、あせれば自分がとんでもない過ちをおかしているような気分になってくるのが人間心理で、最後は「まことに申しわけございませんでした」と深々と心から頭を下げることになるのだ。

「何ィ、契約がとれなかっただと！」

このあとに続く怒りの言葉は、

「いったいどんな営業をやっているんだ！」

というのではなく、

「キミは営業を何と心得ているんだ！　いまここでハッキリ言ってみたまえ！」

と抽象論で責めるのが、一流上司の怒り方なのだ。

二者択一で迫るウラ社会の心理術

「すみませんでした」

と言って謝れば一件落着。

そうタカをくくっている部下は少なくない。部下の不始末で責任を取らされるのは上司なのだ。となれば、カミナリの一つくらい落とされても、神妙な顔をして頭を下げていればコトはすむというわけだ。

だから上司は腹が立つ。土下座しろとは言わないまでも、責任を取らされる立場としては、部下には本気で謝ってもらいたい。これが人情というものだろう。ところが部下も若手となればドライなもので、

「キミは仕事を何だと思ってるんだ!」

叱責しようものなら、

「だって、しょうがないじゃないスか」

と居直ってみたり。

これでは上司は浮かばれまい。

そこで、反省なき部下に対して、どう怒りをぶつければよいか。

「二者択一」で迫るのだ。

ウラ社会の面々の得意ワザで、たとえば相手からオトシマエを取るときは、

「こらッ！　命とゼニとどっちや！」

命を差し出すか、お金で解決するか、好きなほうを選べ――と、鬼の形相で二者択一を迫るのだ。

「じゃ、命を」

という人間はいないもので、

「お金でお願いします！」

と懇願することになり、これで一件落着すれば、

（やれやれ、お金ですんでよかった）

と、命拾いしたことに安堵《あんど》する。

これが二者択一ではなく、

「こらッ！　ゼニ出さんかい！」

と、いきなり攻めたのでは、「お金をむしり取られる」という〝被害者意識〟を相手は持ってしまう。したがって一件落着したあとでも相手に不満が残り、警察に駆け込むことにもなりかねないのだ。

だから、

「命かゼニか！」

と迫る。心理学ではこれを「対比効果」と言うが、ウラ社会の面々は机上の学問ではなく、経験則によってこの人間心理を熟知しているというわけだ。

以上のことから、失敗してもケロリとしている部下に対しては、この手法でガツンとやればよい。

「すみません。お得意さんを取られてしまいました」

「そうか。部長に報告しておくが、ことによると辞表を書いてもらうことになるかもしれないので覚悟だけはしておいてくれ」

「エエッ！　辞表！」

一発カマしておいて、

「辞表を書くか、顧客を新規開拓するか、どっちだ！」

と迫れば、部下はアワを食って顧客開拓に走ることになるというわけだ。

かつて柳川《やながわ》組といえば、山口組にあって「殺しの軍団」と呼ばれた。書籍や映画で伝説になっているが、柳川組が地方進出するときの恫喝のセリフが、

「通れるだけの細い道をあけてください。いやと言われるなら大きな岩を動かしますよ」

二者択一を迫ったのである。

これに地方組織は震え上がり、道を譲るのだが、道を譲った組織は「やれやれ、小さな道をあけるだけですんだ」と安堵し、得をした気分になったことだろう。

その結果、柳川組は全国へ勢力を伸ばすことになる。この恫喝が通じるのは柳川組に力があり、それを他組織が認めていたからだ。「力」を「地位」に置き換え、それをハッキリと認識すれば、上司もまた「どっちがいいんだ！」と部下に迫ることができるはずなのである。

こういう芸当ができる上司を、オモテ社会では「リーダーシップがある」と言うのだ。

生意気になってきた部下に忠誠を誓わせるには

「おめぇも、ずいぶんエラくなったもんだな」

というセリフはウラ社会の常套句で、

「ありがとうございます」

とノーテンキな返事をすれば、

「てめぇ、この野郎！」

ということになる。

「エラくなったな」は揶揄《やゆ》と非難なのだが、頭のキレるヤクザは、このセリフを実に効果的に用いるのだ。

まず、こんな例はどうか。

若い衆のA組員が、陰でG兄ィの批判を始めたとする。

「Gの兄貴は二言目にゃ、親分第一と言ってるけど、どうだかな。ヤミ金融でしこたま儲けているのに、親分には一銭も持って行かないらしいぜ。口とやることが違うんだから頭にくるぜ。それとなく、親分の耳に入れてやろうかな」

陰口は必ず当人の耳に入る。下が上を批判するのは組織の常で、下《した》っ端《ぱ》同士が酒を飲みながらブツクサ言っているぶんには目をつむる。だが、「親分の耳に入れてやろうかな」ということになれば話は別だ。

「この野郎！」

と、呼びつけてシメてもいいが、そうするとA組員に恨みが残る。恨みが残れば、必ず足を引っ張る。あることないこと陰口を叩けば親分の耳に入るだろう。マイナスになることはあっても、プラスにはならない。

だが、放っておくわけにもいかない。

どうするか。

G兄ィは、事務所でA組員と顔を合わせるなり言った。

「よう、A」

「はい」

「このごろ肩で風切って歩いているんだってな」

「いえ、そんなことは……」

「謙遜することァねぇよ。立派なもんじゃねぇか」

言葉とは裏腹にカラまれていることはわかるが、何を言わんとしているか不明なため、A組員は落ち着かない。

「ついこのあいだまでピーピー泣いていた赤子が、二本足で立ったというだけで一人前の口をきくご時世だ。おめぇがエラくなっても不思議じゃねぇよな」

「自分はそんなつもりは……」

「ところで」

「は、はい」

「俺がヤミ金で儲けてるとか何とか、おめぇが言ってるらしいって話だが、まさかそんなことはねぇだろ？」

と言うにおよんで、

（あっ、そのことだったか！）

と気づき、

「自分は何も言ってないスよ！」

あわてて弁解。

「なら、いいんだ」

こうした会話の流れでクギを刺せば、A組員は恨みを残すことなく、「うっかりしたことは言えないな」と自戒することになる。

会社も同じで、酒のサカナに上司の悪口を言っているうちはいいが、

「部下には経費削減をうるさく言っておいて、自分が経費をごまかすなんて許せない。よし、役員に直訴してやる」

とか何とか威勢のいいウワサを耳にしたら、早めに〝悪い芽〟は摘んでおくこと。威勢の

いい話は、放っておけばエスカレートしていくもので、言い出しっぺは後に引けなくなって暴発することがある。

ただし、

「キミは何てこと言ってるんだ！」

と怒りにまかせてガツンとやれば、

「じゃ、このさいハッキリ申し上げますが！」

売り言葉に買い言葉になってしまう危険がある。

ここはヤクザ式でいく。

「キミはこのごろ評判だね」

「はあ」

「肩で風切って歩いているって、取り引き先の人間からよく聞くよ」

「私はそんなつもりでは……」

「謙遜することはないさ。ついこのあいだまで新人だったキミが、立派なもんじゃないか」

「……」

「ところで――」

「は、はい」

「私が経費をどうのこうのという批判をキミがしているというウワサだが、まさかそんなことはないよな」

「もちろんです！」

という返事になるのだ。

「叱りつけたいテーマ」を直接口にせず、「キミ」という人間をヨイショで攻め、冷や汗をかかせたところで「まさかキミが」――と追い込めば、恨みどころか、忠誠の言葉さえ吐かせることができるのだ。

第5章

一発逆転！　怒りで流れを変える技術

失敗することが明白な仕事を命じられたら

「弾《はじ》いてこい」

と命じられれば生ツバ、ゴクリ。

「わし、いやや」

と言いたいが、上の者の命令には絶対服従がウラ社会。

（なんでわしやねん！）

腹のなかで叫びつつ、

「わかりました」

青い顔で答えることになる。

行くも地獄、退《ひ》くも地獄。命じた幹部を呪いながら悶々《もんもん》とする——というのは凡庸《ぼんよう》な若い衆であって、人間心理に通じたキレ者は違う。怒りや不安を呑み込み、冷静な対処で理不尽な命令を見事に切り返してみせるのだ。

「組事務所に一発撃ち込んでこい」

と、若手のM組員が幹部に命じられたときのことだ。

拳銃の発射罪は無期または三年以上と量刑は安くはないが、出所すればしかるべき座布団（席次）が約束される。本来なら出世のチャンスだが、抗争のさなかとあって相手の組事務所は機動隊が警備に張りついている。そんなところへノコノコ出かけて行けば、たちまちパクられてしまう。一発も撃てなかったとなれば、男を上げるどころか恥をかくことになる。

では、失敗することがわかっていて、幹部はなぜM組員に難題を押しつけたのか？

「要するに幹部のパフォーマンスやね」

とは、のちになって語ったM組員の弁である。

幹部は「これこのとおり、わしは若い衆を走らせて頑張ってまっせ」と親分に〝いい顔〟をしようとしたわけだ。一発も撃てないままパクられれば「Mのアホがヘタ打ちよった」とでも言って責任を押しつける——という計算である。

そう読んだM組員はカーッと頭に血が上ったが、すぐに冷静になり、

「わかりました」

と返事をしてから、

「一つお願いがおますねんけど」

と頭を下げたのである。

「なんや」

「自分の骨、拾うてくれはりまっか?」

「当たり前や。心配せんでも、あとのことはわしが責任持って処理したる」

「それ聞いて安心しました。自分は拳銃《チャカ》弾くのヘタやから、通行人にでも当たってもうたら組にも兄貴にもえらい迷惑をかけることになってしまう。そのことだけが気がかりやったもんで」

このとき幹部氏の頬がピクリと動いたそうだ。

(Mの言うとおりや。流れ弾が通行人に当たるということもある。機動隊員にだって当たるかもしれん。そうなったら組もわしも終わりや)

といった考えが頭をめぐったのだろう——とはM組員の推測である。

「せや、仲裁に動いとる組があるとか組長《オヤジ》が言うとったな。しばらく待機や」

幹部は早口でそう言ったそうだが、かくしてM組員は〝お役御免〟になった次第。

サラリーマン社会も同様で、「拳銃をブッ放してこい」とは言わないまでも、失敗が目に見えている仕事を命じられることがある。

リース会社の営業部に勤める若手のS君が、上司の課長からライバル会社のお得意先を横取りするよう命じられたときのことだ。両社の強固な関係から考えて、切り崩すのは不可能だった。課長の狙いは、部長に対するパフォーマンスにある。〝攻めの姿勢〟をアピールすることが目的で結果は二の次。失敗すればS君の力量不足ということにして責任を取らせるつもりなのだろうと、S君は読んだ。

「不可能です」

と突っぱねれば、

「何もしないで白旗を上げるのか！　そんなことだから営業部の成績が上がらないんだ」

と課長を勢いづかせ、自分の立場が不利になってしまう。

聡明なS君はそのことがわかるだけに、怒りにまかせてタンカを切ったりはしない。

「承知しました。連中と刺し違える覚悟でアタックします」

険しい顔で言った。

「おいおい、無茶をしないようにな」

「何をおっしゃいます。課長のご命令とあればトコトンやりますよ。トラブルを恐れていてはビジネス戦争には勝てません」

「そりゃ、まあ、そうだが……」

「難しい仕事だけに種々のトラブルも予想されます。その場合、私の骨は拾っていただけるのでしょうか?」

「今度の案件は、キミには向いていないかもしれんな」

課長はそう言って担当から外したのだと、S君が笑って言った。

無理な要求を吹っかけられたときは、冷静に怒って攻めるのだ。要求以上に過激な行動をとる姿勢を示せば、一発逆転、上司は必ず腰が引けてくる。なぜなら、それが無理な要求であることを誰より承知しており、事を荒立てると自分に火の粉が飛んでくることになるからだ。

"自慢野郎"の鼻のヘシ折り方

ヤクザ界の長老を取材したときのことだ。

雑談で、麻雀の話題になると、

「わしな、今年だけで天和《テンホー》を三回やってるねん」

と言ってニンマリした。

天和とは、親が配牌の時点で和了《ホーラ》しているもので、一生に一度、お目にかかれるかどうかという役満である。

「まさか、三回も！」

と私は驚くべきだったろうが、

「そうですか」

と、つい気のない相槌を打ってしまった。

長老は、私が本気にしていないと思ったのだろう。

「おい、××に電話せえ！」

傍《かたわ》らの幹部に噛みつくように命じ、携帯電話がつながるやひったくるようにして、

「わしやけどな、わしは今年、天和を三回あがっとるやろ。いま電話代わるさかい、客人にそのこと説明したってんか」

そう言って、携帯を私に突き出したのである。

――もしもし、向谷と申します。

「××組の○○です。オヤジさんがおっしゃるとおり、今年三回あがってますわ」

――承知しました。ありがとうございました。

会話はこれだけ。

「どや、わしが言うたとおりやろ」

胸を聳《そび》やかしたものだ。

長老は亡くなってすでに久しいが、ヤクザは、いや人間は、そうまでして自慢したいものなのか――という強い印象をいだいたことを、いまも覚えている。

長老の麻雀自慢は愛嬌としても、自慢話を聞かされるのは不愉快なものだ。子供自慢から家系自慢、学歴自慢、財産自慢、人脈自慢、交友自慢、業績自慢……と自慢ネタは掃いて捨てるほどある。さらに、自慢のあとに続けて見下したような言い方をされると、

(この野郎!)

怒り心頭である。

だが、大人社会では手を上げたほうが負けだ。しかし〝自慢野郎〟には頭にくる。そこでどうするか。

こんな例はどうか。

出版社に勤める編集者のA氏が家を買ったときのことだ。先ごろ中途入社してきた〝自慢野郎〟のW氏が、さっそくちょっかいを出した。

「場所はどこ？」

「Y市なんだ」

「通えるの？」

「うん、二時間だから」

「二時間！　私なんて会社まで三十分。住むなら都心だよ。買い物も便利だし、教育環境もいいし、医療だって万全だもの。それにウチのマンションなんか、セキュリティがしっかりしているから最高だね」

「田舎で悪かったな！」

とケツをまくったのでは、溜飲《りゅういん》は下がるかもしれないが、〝自慢野郎〟は何の痛痒《つうよう》も感じない。痛痒どころか、「Aのやつ、俺に嫉妬して怒ってやがる」――と吹聴されてしまうだろう。

キレ者のA氏は、そんなバカな対応はしない。

W氏にこう言ったのだ。

「うらやましいな。高級マンションてやつだろう?」

「まあね。実家の援助もあったからさ」

「家具だって、住まいの格に合わせて選ぶんだろう?」

「うん、金がかかるよ」

「ジュータンは?」

「ふかふか」

「じゃ、ソファは北欧のやつだな」

「まあね」

「実は、ウチはまだ家具を入れていないんだ。一度、自宅を見学させてくれないか?」

「そ、それが取り散らかってるし……」

「どうだい、みんな。参考のため、一度、お邪魔させてもらおうよ」

声をそろえて、

「お願いします!」

この一件以後、W氏はパッタリ自慢をしなくなったと、A氏は笑いながら語ってくれたものだ。

前述の麻雀自慢の長老は、皮肉なことだが、口グセが「自慢するようになったら人生の下り坂」。仏教でよく使われる言葉だが、長老は信仰心に篤《あつ》く、お寺によく通って説法を聴聞していたので、そこで覚えたのだろう。

麻雀こそ〝腕自慢〟していたが、それ以外は飄々《ひょうひょう》とした物腰で〝自慢野郎〟の鼻をヘシ折っていた。

「オヤジさん、新型ベンツ買いましてん」

若手組長が、それとなく自慢すると、

「ほう、ええクルマやな。一億円くらいはするんやろ？」

長老が真顔で言う。

「い、いや、そんなには……」

「防弾仕様に改造してんねんやろ？」

「いや、そこまでは……」

「一カ月くらいで放《ほか》して、また新しいのに乗り換えるんやろな」

「……」

ヘタに自慢すると赤っ恥をかかされるため、長老相手に自慢する組長は一人もいなくなったと、もっぱらのウワサだった。

相手のウソを見破るヤクザ式質問術

ヤクザは猜疑心《さいぎしん》が強い。

「親分が白と言えば、黒いものも白くなる」と言われるように、親分に絶対権力がある一方、子分に寝首を掻かれるケースもある。何でもありの弱肉強食の世界で、信じられるのは自分だけ——となれば、猜疑心が強くなるのは当然である。

実際、ヤクザ社会には「そそのかす」という意味で、「ケツをかく」「ジャッキアップする」「空気を入れる」といった隠語が使われており、うっかり相手の言葉を信じると奈落の底へ突き落とされることにもなりかねない。「疑ってかかる」「裏読みする」というのは、ウラ社会で生き残るための習性と言っていいだろう。ヤクザの某氏は「自分の目で見たこと、自分の耳で聞いたこと以外は信じない」というのがログセで、ウワサは聞き置く程度にしていっさい耳を貸さないでいる。実際、信じないかどうかは別として、鵜呑《うの》みにしてはならないと自戒しているというわけだ。

ビジネス界も同じだ。本音を隠すということにおいて騙し合いであり、甘言も弄《ろう》せばケツもかく。

「専務、私はあなたに一生ついていきます」

「そうか、頼むぞ」

と喜んだところが、実際は敵対する副社長派に寝返っていた——ということは、よくあること。「騙しやがって！」と歯ぎしりするほどに怒り狂っても後の祭り。〝大人社会〟は騙されたほうがマヌケだ。「猜疑心」という言葉はネガティブな意味で用いられるが、「用心」という視点からすれば、ビジネスマンもヤクザ式を見習って損はあるまい。

私が知る親分は、

「おう、あれ、どないなっとる？」

という訊き方をする。

それも不意をつくように突然だ。たとえば事務所でコーヒーを飲みながら競馬中継を見ているとする。

「ハナ差か。おっしいな」

「ひと踏ん張りがたりまへんね」

「まったくや。おう、あれ、どないなってんねん?」

唐突に切り出す。

「あれって、なんでんねん」

と聞き返そうものなら、短気な親分のことゆえ、ゲンコツが飛んでくることになるので、「あれ」が何を指すか見当をつけて、

「○×社の会社整理でしたら、うまいこといってます」

と報告する。

「そんなこと聞いてへんやろ!」

青筋が浮かべば、

「あっ、凸凹会のでしたら、あれはきっちりカタがつきましたし、若頭《カシラ》の件やったらまもなく退院しはりますし……」

思いつくまま案件を並べながら、親分の反応をうかがうことになる。

私もこの親分に「あれ、どないなってんねん?」をやられて、あせった経験がある。週刊

誌記者時代、大相撲界のスキャンダルを追いかけていたときのことで、角界にくわしいこの親分がネタ元の一人だった。オフレコとか、記事の表現をめぐって親分から細かい条件をつけられていたので、不意に「どないなってんねん？」と問われればあせる。

そして、あせれば、

「○○親方の件ですか？」

思わず脳裏に浮かんだ懸案事項を口走ってしまい、

「ほう、○○親方がどないしたんや」

と問われ、

（あっ、親分の誘導尋問で余計なこと言っちまった！）

自分のバカさ加減に腹を立て、親分の老獪《ろうかい》さに怒ってみても、口をついて出た言葉はどうにもならない。あせった自分が悪いのだ。そう反省すればするほど、ますます自分に腹が立ってくる。まさに〝負の怒り〟である。

これは想像だが、「どないなってんねん？」という漠然とした不意の問いかけによって、親分は相手の本音や隠し事を引っ張り出していたのだろう。

「あれ、どないなってんねん？」

「××建設が手を引いた一件でっか?」

「手を引いた? 聞いてへん」

「そ、そうでしたか」

「まさか、わしに内緒で勝手なことしとるんやないやろな」

こめかみに青筋を立てることになる。

ビジネスマンも優秀な人間は、そうと意識しないで、この手法を用いているものだ。

「副社長派のあれ、どうした?」

と探りを入れたい相手に「不意打ち」をかけ、

「あれと申しますと」

「あれだよ、あれ!」

イラついて舌打ちの一つもしてみせれば、

「あっ、派閥の会合の件でしたら来週末やるそうです」

相手は、思わずマル秘事項を漏らしてしまうことになる。ここで、

「何で知ってるんだ」

とは問わないで、

（こいつ、ヤバイな）

と警戒するにとどめておく。

あるいは、

「課長も主任も副社長についたそうだな」

不意に問いかけ、答え方で相手の腹を探る。狼狽すれば黒、キョトンとしていれば白というわけで、「不意打ち」こそ、実はヤクザが好んで使う手法なのである。

強引な相手を突っぱねずに譲歩させる

うまくいっても失敗しても、誰かが不満を口にして怒り出し、仲間割れするのが、ウラ社会の〝儲け話〟である。

だから、儲け話は、口にチャック。

話がちょっとでも外に漏れれば、

「面白い仕事やってんだってな」

と強引にクビを突っ込まれて、トラブルの元になるからだ。

一方、クビを突っ込む人間は自分が歓迎されざることを熟知しているため、

「一枚噛ませろよ」

といった言い方はしない。

「その件なら、俺にツテがあるんだが」

と、さり気なく売り込み、相手の関心を引く。

（本当か、ハッタリか）

と、持ちかけられたほうはしばし悩むことになるが、厄介なのはチームでコトにあたっている場合だ。新たに噛ませれば分け前が減ってしまうため、欲と思惑からチームの足並みが崩れ、ついには怒鳴り合い、仲間割れのケンカになったりもする。

こんな例がある。某組のA兄ィが資産家から債権の取り立てを依頼されたときのことだ。相手は飲食店の社長で額は八千万円。万一のトラブルに備え、舎弟のB氏と、他組織の人間で兄弟分のC氏に声をかけ、三人でチームを組んだ。

報酬は三等分ということになった。仕事にかかる前に決めておかなければ、あとになってもめることがあるからだ。仕事が終わり、分け前の段階になって、

「ちょっと待った。俺んところは経費がかかってるんだ。三等分じゃ納得できねぇな」

と、アヤがついたりする。欲をかくことをギョーカイ用語で「爪を伸ばす」と言うが、爪を伸ばすことによるトラブルは少なくない。だからあらかじめ取り分を決めておくというわけである。

依頼者の資産家とA兄ィとの間で「取り半」——取り立てた金額を折半するという条件になっているので、折半した金額をさらに三等分するという約束になった。

（金利分を上乗せして一億回収できれば五千万のシノギだから、一人一千六百万）

（金利を負けてやれば一人一千三百万）

（ま、最悪五千万の取り立てとして一人八百万。ウーン、何とか一千万にしたいな）

三人三様に、取る前からタヌキの皮算用をしたことだろう。

さて、A兄ィたちが取り立てに行ったところが、飲食店の社長は、

「関西R会に〝ケツ持ち〟（用心棒）を頼んでいる」

といって返済を突っぱねたのである。三人は事務所に引き揚げ、善後策を話し合った。

「R会だろうが何だろうが構やしねぇ」

「ドンパチになるぜ」

「上等だ」

「それより、R会の顔を立ててやって、金利を半分泣いてやるということにしたほうが話は早いんじゃねぇか」

「足もとみられるぞ」

侃々諤々《かんかんがくがく》の議論をしているところへ、どこで聞きつけたか、関西事件屋のX氏から電話。

「R会やったらよう知っとるさかい、わし、話をつけてもええでぇ」

と打診してきたのである。

このとき三人の脳裏をよぎったのは、「一人増えれば分け前が減る」——ということだったろう。

だから突っぱねようとする。

「ハッタリだ」

「一枚嚙んでおいて、いくらかカネにしようというハラだろう」

「冗談じゃねぇ」

B氏とC氏は口々に怒って見せたが、A兄ィは違った。

「取り分をいくら計算しても、仕事がうまくいかなきゃ、一銭のカネにもならないんだぜ。

Xの野郎を仲間に入れたほうがいいんじゃやねぇか」

「ダメだ」

「俺たちでやれる」

なおもツッパる二人にA兄ィは頭にきたが、ここは怒りをぐっと抑え、説得する代わりに論法を変えてこう説いたのだ。

「Xの野郎、あれでなかなか顔が広いんだ。だけど、兵隊持ってねぇから一人じゃ仕事はできねえ。今回、一枚嚙ましとけば、必ず次の仕事を持ってくるぜ」

B氏もC氏もこれには「ウーン」と考え込んだ。どっちが得か思案しているのだ。決めゼリフはA兄ィの次の一言だ。

「Xとはこれから長いつき合いになるんだぜ。そのほうが得じゃやねぇか」

これで二人は了承。金利を負けるということでR会の顔を立て、仕事を成功させたのである。

意見や方針がぶつかったときの対処法は、相撲の決まり手に譬《たと》えて大きく二つある。怒りを前面に押し出し、ガツーンと真正面からカマして相手を寄り切るか、A兄ィのように相手の怒りをスーッといいなし、はたき込むか。

後者は一見、〝子供だまし〟のような戦法だが、実はこの手法を用いることによって、セブン－イレブン・ジャパン代表取締役会長兼CEOの鈴木敏文氏は、日本でコンビニを立ち上げることに成功したのだ。

鈴木氏がコンビニを日本で創業するため、本家の米サウスランド・アイス社（現セブン－イレブン・インク）のトップと交渉したときのことだ。交渉は難航し、ロイヤリティ（権利利用料）の率で最後までもめた。先方が要求した売り上げ高一％に対して、鈴木氏は〇・五％。二倍もの隔たりがあれば、どんな熱意を持ってしても歩み寄るのは難しい。

「無茶を言わないでくれ！」

と鈴木氏が怒っていたら、今日のコンビニ社会は実現していなかっただろう。

鈴木氏は戦法を変えた。「率」をテーマから外し、こう説いた。

「あなた方が最終的に求めるのはロイヤリティの額でしょう。ならば率を下げて、我々が出店資金を確保しやすくし、店が増えて成功すれば結果として額は上がっていく。率を上げるより、額を上げる考え方をしたほうがいいのではないか」

かくして先方が大幅に譲歩し、〇・六％で妥結。見事な〝はたき込み〟ではないか。

鈴木敏文氏は「心理経営の達人」と呼ばれる。なるほどそのとおりだと思う一方、もしヤクザのＡ兄ィが経営者になればそう呼ばれることだろう。人間心理にウラ社会も表社会もないのだ。

全員を黙らせる一対多数のケンカ術

クライアントへのプレゼンは真剣勝負だ。

ここでＯＫが出なければ仕事にならない。

そのカギを握るのが「場の雰囲気」――すなわち、企画に対する評価の流れである。「おっ、いいねぇ」という声が出るのは希《まれ》で、たいてい末席のペーペーからケチがつく。ケチをつけることで、同席する上司へアピールするわけだ。「おっ、いいねぇ」というアピールだと、企画が狙いどおりの成果をあげなければマイナス評価になってしまうが、ケチをつけておくぶんには、結果に対して責任が生じないからである。

ケチの内容が取るに足りないものであればいいが、説得力があれば「それもそうだな」ということになり、プレゼンターにとって「場の雰囲気」は一気に〝針のムシロ〟になってしまう。

だから末席のペーペーは要注意なのだ。

かつて私はこのことを知らず、企画の素晴らしさをいかにアピールしてみせるかが「プレゼン力」だと思っていた。

週刊誌記者の足を洗って編集企画会社を立ち上げた当初のこと。広告代理店を通じて某保険会社のＰＲパンフレット製作を依頼され、プレゼンに臨んだ。広報課長以下、部下たちがずらりと並ぶ席で、私はパンフレットの狙いなどをひととおり説明した。

すると、末席の若いペーペーが、

「表紙のモデル、ちょっと旧《ふる》いんじゃない？」

顔をしかめてクレームをつけてきたのである。

（この野郎！）

ムカッときた。

（予算をケチっておいて勝手なこと言うんじゃやねぇ）

そうタンカを切りたかった。

ちなみに役所や保険会社といった〝お堅い組織〟が起用するモデルは、ＮＨＫの〝朝ドラ〝や〝大河〟で人気になった女優やタレントが多い。お茶の間ウケするし、スキャンダルと無縁であるからだ。私はその線に沿って表紙のモデルを選んだのだが、予算の関係で、やや〝旧いタレント〟になってしまったのである。

私は怒りを呑み込んで言った。

「いや、旧くないと思います。いまも活躍されているし……」

と言いかけたところが、弁解口調になっていたのだろう。ぺーぺー野郎は、ここぞとばかり攻めてきた。

「旧いに決まってるじゃないの。表紙だけじゃなく、内容も月並みだし。本気で立てた企画とは思えないね。——課長、いかがですか？」

「ウーム、言われてみれば……」

「私も同感ですね」

ぺーぺー野郎の隣に座る〝準ぺーぺー〟が、遅れをとってはならじとばかり、

「もっと斬新でインパクトのあるものにしないと、発行する意味がないですね」

「ページのレイアウトもよくないね」

あっちこっちから参戦が相次ぎ、私は立ち往生。結局、この仕事はまとまらなかった。

(クソ！　あのペーペー野郎が余計なこと言いやがって！)

その夜、私は怒りに震えながら苦い酒を飲んだのだった。

で、数年後。物書きに転じ、関西の某ヤクザ幹部を取材したときのこと。雑談で、この思い出話を披露すると、

「そら、あんた、やり方がヘタやで。ペーペーが四の五の言い始めたところで〝こらッ、黙っとれ！〟──一発カマしとけば、尻馬に乗るもんはおらんかったはずや」

いとも明快に言ってのけたが、カタギ社会でそれは通じまい。「なるほど」と私は相槌を打ちながらも、苦笑いしたものだ。

ところが後日。当時、人気のコピーライター氏に取材したときのことだ。話題がプレゼンになったとき、このコピーライター氏はこう言ったのだ。

「プレゼンをすんなり通す秘訣は、怒って見せること。つまり、誰かをスケープゴートにすること」

部下は上司にアピールするのが狙いで、企画やコピーにケチをつけたりする。だから口火を切った人間を徹底的にこき下ろせば〝後続部隊〟は二の足を踏む。上司にアピールどころか無能ぶりをさらすことになるからだ。

「相手はシロウトだから、わざと難解な広告理論なんか振りまわしてさ。〝あなたのイメージする広告はどんなものか具体的に提示していただきたい〟なんてガンガン攻めて、怒りを持って完膚《かんぷ》なきまでに叩きのめす。すると、みんな黙っちゃう」

一発カマせ――と私に言った関西ヤクザ氏と同じ「人間心理術」を口にして、

「これがプレゼンに限らず、一対多数のケンカ術じゃないですか」

とコピーライター氏はカラカラと笑い、グレーのポルシェ９１１に乗り込むと颯爽《さっそう》と去って行ったのだった。

ワルに突っかかられたときの回避法

ヤクザの〝掛け合い〟――つまり談判は〝揚げ足〟の取り合いであることはすでに紹介した。

若い衆に不始末があり、他組織から抗議を受けて、

「そいつはすまないことをした」

と幹部が謝ったとする。

非が自分の若い衆にあるとハッキリしている以上、突っぱねるわけにはいかない。

ところが相手が調子に乗って、たとえば、

「まったく、お宅は若い衆にどういう躾《しつけ》をしてるんだ」

と〝捨てゼリフ〟を吐いたところで、

「ちょっと待った！」

と逆襲に転じる。

「若い衆の不始末についちゃ、俺も詫びる。だけど、ウチの組の躾について四の五の言われたんじゃ、親分《オヤジ》の手前、黙っているわけにゃいかねぇ。この始末、どうつけてくれるんだ！」

ここぞとばかりに〝揚げ足〟を取り、それをテコにして〝痛み分け〟に持っていく。かくして若い衆の不始末についてはオトシマエなし。チャラにするというわけである。

「なるほど」

と感心してはいけない。

実は、これがケンカの基本なのだ。

たとえば居酒屋で、客と身体がぶつかったとする。

「あッ、すみません」

「いいえ」

と紳士的な応対になればいいが、相手がワルであれば、そうすんなりとはいかない。

「あッ、すみません」

「バカ野郎が、どこ見てやがる！」

歯を剥いて怒鳴ってきた場合、どうするか。

「すみません」

と、たいてい謝りの言葉を繰り返してしまう。

だから攻められてしまうのだ。

「どうオトシマエつけるんだ。謝った以上、てめぇが悪いと認めてんだろ」

「い、いえ、そういうわけじゃ……」

「じゃ、何で謝ったんだ」

「いえ、そのう……」

「てめぇ、おちょくってんのか！」

ガンガン攻められ、店の外に連れ出されて金品をまき上げられることになる。

ぶつかったときは――いや、双方に原因があるようなケースでは「すみません」ではなく、

「失礼」

と言うのだ。

「てめぇ、ぶつかっておいて、詫びの一言もねぇのか」

ワルが〝揚げ足〟を取るべく難クセをつけてくれば、

「私のほうからぶつかったつもりはありませんが、そうでないとおっしゃるのなら誤解です」

と丁重に、もってまわった政治家的答弁で〝揚げ足〟を取られないよう応対する。

「何ごちゃごちゃ言ってやがる！」

とスゴむだろうが、彼らが手を出すことはまずない。手を出せばパクられることを知っているからだ。彼らが手を出すとしたら、バカにされたりメンツをツブされたときなど、カッとなるか引っ込みがつかなくなった場合に限られる。だから丁重に応対している限り、暴力を振るうことはないと思っていい。

その上で、相手がしつこければ店長を呼び、

「この方が、私がぶつかったと言って怒ってらっしゃるんですが、どうしたらいいでしょうか」

と、これまた丁重に、しかし毅然《きぜん》とした態度で話す。

腹立ちまぎれに、

「こいつが、ぶつかったと言ってインネンつけて……」

という言い方をすれば、

「てめぇ、〝こいつ〟呼ばわりしやがって！　インネンとは何事だ！」

ここぞとばかり〝揚げ足〟を取られてしまう。警察沙汰になったときも「こいつ呼ばわりされて頭にきた」「インネンつけたと言われて頭にきた」――と、暴力を振るったときの口実にされてしまうことがあるのだ。そうかといってビビった態度を見せれば、嵩《かさ》に懸かって脅してくる。だから「丁重＆毅然」が鉄則というわけだ。

そして、店長が駆けつけてきたところで、たいてい一件落着。

「まあまあ、お客さん」

となだめられ、相手もここが退きどきと判断し、深追いはしないものなのである。

ただし、相手が見るからにワルとわかればいいが、そうでない場合も少なくない。おとなしそうな顔と服装《なり》をしていて、どっから見てもカタギ——というヤクザもいる。怒りにまかせて、「この野郎！」とやれば、あとで高い代償を払わされることになる。要注意だ。

退路を断たれて攻められたときの切り返し法

獲物は、逃げ場のないコーナーに追い込んでから仕留める。

これがヤクザ式だ。

たとえば、

「ちょっと話があるんだが、会えねぇか」

知り合いのヤクザ氏から、商店主に電話がかかってきたとする。どうせカネの無心か厄介な頼まれごとだろう。

「それが、いま忙しいんですよ」

やんわりと断る。

「いつならいい？」

と、相手の都合を聞いてくるのは一般社会人で、ヤクザは違う。

「十分でいい」

と追い込んでくる。いくら忙しいからといって、わずか十分の時間が取れないとは言いにくいもので、一瞬、返事をためらう。そこを見計らって、

「いま事務所を出るから昼過ぎには行ける」

と一方的に告げて電話を切る。

これがヤクザ式だ。

アポ程度の話ならいいが、相手に有無を言わさず、ビンボーくじを引かせるときにも、この手法はいかんなく発揮される。

「おめぇ、男になりたいか」

若い衆に突きつける。

(俺にいやな役目を押しつける気だな)

と思っても、

「なりたくありません」

とは言えないもので、

「はい」

と答えたら最後。

「よし、凸凹会の組長を弾《はじ》いてこい」

と迫られ、ヤバイ役目を引き受けることになる。

（ハメやがった！）

という怒りは〝論理的〟に口にできない。キレ者は、ノーが言いにくい質問を投げかけ、イエスと答えさせておいて本題に入るというわけだ。

これが「獲物は、逃げ場のないコーナーに追い込んでから仕留める」という手法だ。「窮《きゅう》鼠《そ》、猫を嚙む」というのは諺《ことわざ》の上での〝フィクション〟であって、どんなに追い詰められても、ネズミはネズミ。怒ったところで猫には勝てない。だから、いかにコーナーに追い詰められないようにするかが勝負となる。

カギは初《しょ》っ端《ぱな》の問いかけに対する返事だ。相手が「イエス」の返事を前提に攻めてくるということは、初っ端の返答がイエスでなければ、そのあとの展開は成立しないわけで、切り返すツボはここにあるのだ。

「おめぇ、男になりたいか」

「なりたくありません」

とは言えないので、

「無理ですよ」

と、ニコニコ笑顔でいなす。

「そんなことはねぇ。おめぇだって立派なヤクザになれるさ」

「ありがたいお言葉ですが、器量がないことは自分でよくわかっています。〝生涯、一ヤクザ〟で結構です」

「器量はあるって」

「ないっスよ」

と〝論点〟は大きくズレ、さらに笑顔を崩さないことによって、話は深刻にはなっていかない。

「よし、凸凹会の組長を弾いてこい」

という展開には決してならないのである。

「私の頼みを聞いてくれるか」

上司がそう切り出してきたら要注意。

「私なんか、何の役にも立ちませんよ」

「そんなことはない」

「いやいや能力も根性もなくて」

「キミ、そう卑下《ひげ》することはないじゃないか」

上司としては難題を押しつけるつもりでいたが、〝論点〟は大きくズレていって、何の話をしているかわからなくなってしまう。これが、いなすというひとつの怒り方なのである。

「正論」を持ち出し、一気に形勢逆転

怒らせて言質《げんち》を取る。

これが有能なライバルを蹴落とす方法だ。

たとえば、ライバルが新提案をしたとする。うまくいくとヤバイ。そこで、

「失敗したら誰が責任を取るんだ!」

と会議で迫る。

「そ、それは……」

言いよどむようなら、

「キミは責任も取れないような提案をするのか！」

と挑発し、追い込む。『忠臣蔵』の吉良上野介《きらこうずけのすけ》VS浅野内匠頭《あさのたくみのかみ》のようなもので、ライバルの内匠頭がカッと怒って、

「責任は私が取る」

と口走ればしめたもの。これを言質とし、失敗するよう裏で足を引っ張ればよい。怒って理性を失ったほうが負けとなる。

だが、怒れない人間はナメられる。怒りつつ、しかし内匠頭にならないためにはどうしたらいいか。

こんな例がある。私が編集企画会社をやっていた当時、某広告代理店で、電気メーカーの製品PRの企画会議が行われたときのことだ。私と組んでプランニングした代理店営業マンのJ氏が、企画趣旨を説明したところ、

「月並みで、インパクトに欠けるんじゃないの」

という異論が出た。異論を口にした営業マンはJ氏とライバル関係にあり、企画ツブしの

イチャモンである。

ＰＲの手法について客観的な意味での「正解」はない。正解があれば、すべての広告が成果をあげるはずだが、そうはならないことを見てもわかるとおりだ。市場調査をし、知恵をしぼり、完璧なプランを練り上げたつもりでも結果は死屍累々《ししるいるい》。「正解」がないだけに、イチャモンはつけ放題ということになる。

だからライバルは〝吉良上野介〟のごとく、上から目線で非難し、挑発し、皮肉を言ってから、こう迫ったのだ。

「能書きはいい。この企画が失敗したとき、責任は誰が取るんだ」

「私だ」という言質を取るべく迫ったのである。Ｊ氏は怒りで顔を赤くしている。さて、Ｊ氏は、ここでどう言って切り返すべきか。

参考になるのはウラ社会で、これと似たような例がいくらでもある。足の引っ張り合いの世界だけに、何か提案すれば、

「よっしゃ、わかった。そっちがケツ持つ（責任を取る）いうことでええんやな」

こんな念押しをして言質を取ろうとする。

「い、いや……」

と言いよどむようなら、

「ケツも持てん者《もん》が黙っとらんかい」

恥をかかされることになる。ヤクザ社会で何か提案するということは、うまくいけば手柄になるが、ヘタを打つと命取りにもなるのだ。

で、ある会合でのこと。こんなやりとりがあったと、後で出席者の一人から聞いたことがある。抗争事件の和解を受け入れるかどうかをめぐって幹部会が開かれ、Y幹部が和解を受け入れるべきだと発言。これにライバル幹部が「和解は向こうの時間稼ぎや」と噛みつき、激しい応酬が続いた。

そして、例によってライバル幹部が、

「よっしゃ、わかった。手打ちのあとで何かあったら誰が責任取るんや」

と迫ったところが、

「何かあったらやのうて、お互いが手打ちをきっちり守るためにどうしたらええか、その話をするのが本筋ちゃうんか。さっきからそっちの話聞いとったら、手打ちを壊すことばっかり言うとるやないか。なんぞ、わしに含むところがあるんか！」

怒気を浮かべてそう切り返し、ライバル幹部は言い返すことができなかったそうだ。

この話を私が思い浮かべたのはほかでもない。さきほどの営業マンJ氏に話を戻すと、ライバル営業マンから「この企画が失敗したとき、責任は誰が取るんだ」と迫られた彼は、怒りをあらわしつつも、言質を取られることなく、こう切り返したのだ。

「さっきから失敗のことばかり言っているが、いま我々が論議すべきは、成功を確実なものにするためには何が足りないか、ということではないのか」

一発カマしてから、出席者の面々に向かって、

「失敗を前提にした責任論に何の意味があるのか。論議は成功へのプロセスをテーマにすべきだと思いますが、いかがでしょうか」

言質を取りに来たら論点をズラし、「正論」に持っていく——すなわちJ氏は期せずしてヤクザ式で〝吉良上野介〟に切り返してみせたのである。

クレームに来た人間はあえて待たせろ

「待たせる人」は、「待たされる人」より立場が上だ。

待ち合わせを考えてみればわかる。相手が上司なら少し早めに行くだろうし、会社の社長など〝雲上人《うんじょうびと》〟となれば「時間に遅れたらまずい」と緊張する。ところが、相手が新入社員であればそこまで気を遣わない。ちょっとくらい遅れても、「ま、いいか」と悠々気分である。

以上のことから、そうと意識するかどうかは別として、待ち合わせの時間に遅れるのは相手を軽く考えていることになる。したがって、待たされる側からすればナメられたことになるため、

（あの野郎、遅《お》せぇじゃねぇか！）

と腹立たしくなってくるというわけだ。これを心理学的見地から言えば、「待つ」には「従属の効果」があるため、立場が同等であれば「待つ人」より「待たせる人」のほうが精神的に優位に立つとされる。

だから、ウラ社会の面々は待ち合わせの時間に神経を使う。「待つ」になれば相手に安目《やすめ》を売って（相手を優位に立たせて）しまうし、「遅れる」になれば、

「待たせて悪いな」

と、頭を下げなければならなくなる。彼らは心理学とは無縁であっても、「待つ」「待たせ

る」「遅れる」といったことが人間関係に大きく影響することを経験則で熟知しているため、約束の時間より早く現地の近くまで行って待機。時間になると、いま着いたという顔をして現れるというわけだ。

これがウラ社会の「待ち合わせ術」の基本だが、老獪なベテランはこれを交渉術に活かし、コトを自分に有利に運ぶ。

M総業の事務所に、他組織が〝掛け合い〟(談判)に乗り込んできたときのことだ。

「いま組長を呼んできますので」

と若い衆が奥へ引っ込んでから、

「いま電話で取り込んだ話をしていますので、ちょっと待ってくださいとのことです」

と組長のメッセージを伝えた。

組長が現れたのは、何とそれから三十分後。

「いつまで待たせるねん!」

第一声で嚙みつくのは当然だろう。

それに対して「じゃかんし!」と怒ってみせたのでは、売り言葉に買い言葉。〝掛け合い〟を素っ飛ばして、いきなりドンパチになってしまうので、

「ちょっとこみ入った話だったんで、長くなってしまったんだ」

とかわしたところが、

「こみ入った話なら後にまわして、わしらに先に会うのがスジやろ！」

こめかみに青スジを浮かべて攻めてくる。

「わしもそうは思ったが、これがなかなか……」

これも軽く受け流しておいて、

「ところで、用向きは何じゃったかな？」

いきなり話を振った。

相手は虚をつかれたような顔をしたが、

「お宅の若いもんがウチの縄張《シマ》で暴れて……」

と気を取り直すように談判を始めたが、いまひとつ迫力に欠けた。

「人間はな」

と、応対したＭ総業の組長が言う。

「あれもこれもと立て続けに怒れるもんじゃないんだ。いっぺんカッとなって怒ったら、風船から空気が抜けたようになって怒気がしぼんでしまう。わかるかい？」

乗り込んできた連中は、待たされたことに対して怒ったため、談判すべき本論で「怒気」というエネルギーが少なくなってしまった——と組長は言うのである。

机上の心理学では、ここまでは教えまい。

仕事でドジを踏み、相手がクレームをつけに会社に乗り込んできたとき、あるいは呼び出されたときは、先約を盾に「ちょっと遅れます」と丁重に告げておき、相手が怒るほどに遅れて姿を現す。

「お宅、何を考えているんだ!」

怒れば怒るほど、本論に入ったとき、相手の怒気は削《そ》がれることになるのだ。

向谷匡史（むかいだにただし）
1950年生まれ。広島県呉市出身。拓殖大学卒業。週刊誌記者などを経て、作家。浄土真宗本願寺派僧侶。保護司。日本空手道「昇空館」館長。著書は『会話は「最初のひと言」が9割』『ヤクザ式　一瞬で「スゴい！」と思わせる人望術』（以上、光文社新書）、『ヤクザ式 ビジネスの「かけひき」で絶対に負けない技術』『ヤクザ式 ビジネスの「土壇場」で心理戦に負けない技術』『ヤクザの実戦心理術』（以上、光文社知恵の森文庫）、『怒る一流 怒れない二流』（フォレスト2545新書）、『仕事も人生もうまくいく人間関係「間合い」術』（草思社）など多数。
著者ホームページ :http://www.mukaidani.jp/

ヤクザ式《しき》　相手《あいて》を制《せい》す最強《さいきょう》の「怒《いか》り方《かた》」

2014年3月20日初版1刷発行

著　者 — 向谷匡史
発行者 — 丸山弘順
装　幀 — アラン・チャン
印刷所 — 萩原印刷
製本所 — 関川製本
発行所 — 株式会社 光文社
東京都文京区音羽1-16-6（〒112-8011）
http://www.kobunsha.com/
電　話 — 編集部03(5395)8289　書籍販売部03(5395)8116
業務部03(5395)8125
メール — sinsyo@kobunsha.com

Ⓡ本書の全部または一部を無断で複写複製（コピー）することは、著作権法上の例外を除き、禁じられています。本書をコピーされる場合は、事前に日本複製権センター（http://www.jrrc.or.jp　電話03-3401-2382）の許諾を受けてください。また、本書の電子化は私的使用に限り、著作権法上認められています。ただし代行業者等の第三者による電子データ化及び電子書籍化は、いかなる場合も認められておりません。

落丁本・乱丁本は業務部へご連絡くだされば、お取替えいたします。
© Tadashi Mukaidani 2014　Printed in Japan
ISBN 978-4-334-03788-8

674
色彩がわかれば絵画がわかる
布施英利

すべての色は三原色をもとにして作られる。これが、四色でも二色でもダメなのはなぜか。そもそも「色」とは何なのか。シンプルな色彩学の理論から、美術鑑賞の知性を養う一冊。

978-4-334-03777-2

675
税務署の正体
大村大次郎

半沢直樹〝黒崎査察官〟の正体とは、税務署員は「会社を潰して一人前」、調査官には課税ノルマがある、脱税請負人のほとんどは国税ＯＢ……元調査官が謎の組織の実態を暴く！

978-4-334-03778-9

676
君の働き方に未来はあるか？
労働法の限界と、これからの雇用社会
大内伸哉

「雇われて働く」とはどういうことか、労働法は今後も頼りになるか、プロとして働くとはどういうことか――。「これからの働き方・生き方」に迷っている人の指針を示す。

978-4-334-03779-6

677
ＴＶニュースのタブー
特ダネ記者が見た報道現場の内幕
田中周紀

共同通信社からテレビ朝日に転職。社会部・経済部の記者、「ニュースステーション」「報道ステーション」のディレクターを務めた著者が、体験を基にテレビ報道の内情を明かす。

978-4-334-03780-2

678
背すじは伸ばすな！
姿勢・健康・美容の常識を覆す
山下久明

腰痛、肩こり、イビキにメタボ……。これらはみな「背すじ伸ばし」が原因だった!? 人類史と人体構造の考察を通して、美容と健康を維持する〝姿勢のカギ〟を導き出す。

978-4-334-03781-9

679
出世したけりゃ
会計・財務は一緒に学べ！
西山茂

会社の数字とは接点がなかった現場社員が、経営幹部になるために最低限必要な会計と財務のポイントを解説。2分野のキモを一緒に押さえれば、誰でもトップ経営者になれる！

978-4-334-03782-6

680
なぜ僕は「炎上」を恐れないのか
年500万円稼ぐプロブロガーの仕事術
イケダハヤト

他人との衝突を恐れて、言いたいことを言えない人生はもったいない。年500万円を売り上げるプロブロガーが「炎上」をキーワードに、ストレスフリーな新しい生き方を指南。

978-4-334-03783-3

681
高学歴女子の貧困
女子は学歴で「幸せ」になれるか？
大理奈穂子
栗田隆子
大野左紀子
水月昭道監修

女子を貧困に追いやる社会構造のなかで、教育、キャリア、結婚、子育てをどう考えればいいのか？　当事者が自らの境遇と客観的なデータをもとにその実態を明らかにする。

978-4-334-03784-0

682
迫りくる「息子介護」の時代
28人の現場から
平山亮
解説　上野千鶴子

嫁でも娘でも妻でもなく「息子が親の介護」という異常事態!?を機に表出する、男社会の息苦しさ、男社会のあるあるとは。男性介護者の思いを丁寧に描き出す、もう一つの「男性学」。

978-4-334-03785-7

683
なぜ、あなたの薬は効かないのか？
薬剤師しか知らない薬の真実
深井良祐

日々の生活と切っても切れない関係にある薬。しかし、私たちは薬の基本的な性質を知っているでしょうか？「自分の健康は自分で守る時代」に必要な考え方を、この一冊で学ぶ。

978-4-334-03786-4

2021 9/8 ○

光文社新書

684
弁護士が教える
分かりやすい「所得税法」の授業
木山泰嗣

給与所得や源泉徴収など身近でありながら、実にややこしいのが所得税法。本書は、初学者から実務者までを対象に、所得税法の基本ポイントをわかりやすく解説する。

978-4-334-03787-1

685
ヤクザ式　相手を制す最強の「怒り方」
向谷匡史

怒りは、ぶちまけても抑えすぎても害をもたらす〝負の感情〟。それを無敵の武器に変え、交渉を制する技術をヤクザから盗め！　取材経験の豊富な著者が「怒りの極意」を伝授。

978-4-334-03788-8

686
生殖医療はヒトを幸せにするのか
生命倫理から考える
小林亜津子

生みどきが来るまで「卵子凍結」、遺伝子解析技術で「生み分け」、提供精子でみずから「シングルマザー」に……。さまざまな生殖医療技術が人間観、家族観に与える影響とは何か。

978-4-334-03789-5

687
日本の居酒屋文化
赤提灯の魅力を探る
マイク・モラスキー

人は何を求め、居酒屋に足を運ぶのか？　40年近い居酒屋経験を誇る著者が、北海道から沖縄まで、角打ちから割烹まで具体的なお店（120軒）を紹介しながら、その秘密に迫る。

978-4-334-03790-1

688
がんに不安を感じたら読む本
本荘そのこ
中村清吾 監修

がん治療は、患者ひとりひとりにあったオーダーメード医療といわれる時代に突入している。2人に1人は生涯にがんに罹患するいま、大切な心がまえとは何か。そのヒントを示す。

978-4-334-03791-8